国家中等职业教育改革发展示范学校建设教材

建筑力学与结构基础学习任务指导书

屈劲松　主编

西南交通大学出版社
·成　都·

图书在版编目（CIP）数据

建筑力学与结构基础学习任务指导书 / 屈劲松主编.
—成都：西南交通大学出版社，2014.8
国家中等职业教育改革发展示范学校建设教材
ISBN 978-7-5643-3174-0

Ⅰ.①建… Ⅱ.①屈… Ⅲ.①建筑科学－力学－中等专业学校－教学参考资料②建筑结构－中等专业学校－教学参考资料 Ⅳ.①TU3

中国版本图书馆 CIP 数据核字（2014）第 144854 号

国家中等职业教育改革发展示范学校建设教材
建筑力学与结构基础学习任务指导书
屈劲松　主编

责 任 编 辑	曾荣兵
封 面 设 计	墨创文化
出 版 发 行	西南交通大学出版社 （四川省成都市金牛区交大路 146 号）
发行部电话	028-87600564　028-87600533
邮 政 编 码	610031
网　　　址	http://www.xnjdcbs.com
印　　　刷	四川森林印务有限责任公司
成 品 尺 寸	185 mm × 260 mm
印　　　张	4.5
字　　　数	109 千字
版　　　次	2014 年 8 月第 1 版
印　　　次	2014 年 8 月第 1 次
书　　　号	ISBN 978-7-5643-3174-0
定　　　价	12.00 元

图书如有印装质量问题　本社负责退换
版权所有　盗版必究　举报电话：028-87600562

前 言

本学习指导书与《建筑力学与结构基础》教材配套，用以帮助读者巩固所学知识。本书由六个项目组成，每个项目由若干个典型工作任务组成。每个任务设有【学习目标】、【任务描述】、【相关资源】、【任务实施】、【习题】、【任务评价】等环节，每个项目后还有【项目评价】，书的最后设有学生成绩评价表。

学生通过本课程的学习，初步具备认识、分析和解决土木工程简单结构和基本构件受力问题所需的力学知识，了解常见建筑结构的受力特点，掌握钢筋混凝土结构构件的一般构造要求，能够正确识读简单的建筑结构施工图，为后续课程的学习奠定基础。

本书由武汉铁路桥梁学校屈劲松（项目2）、徐利东（项目1、3）、孟林洁（任务4.2、5.2、项目6）、曾令洁（任务4.1、5.1）等编写，屈劲松任主编。

由于编者水平有限，书中难免存在疏漏之处，恳请读者批评指正。

编　者

2014年5月

目 录

项目 1 建筑结构的认知 ··· 1
    任务 1.1 建筑结构的认知 ·· 1

项目 2 简单建筑结构和构件的约束反力计算 ··· 3
    任务 2.1 简单结构和构件的受力分析 ··· 3
    任务 2.2 计算简单结构和构件的约束反力 ··· 10

项目 3 建筑结构设计的基础知识及受力特点分析 ··· 21
    任务 3.1 荷载的认知 ··· 21
    任务 3.2 建筑结构设计基本知识的认知 ·· 22
    任务 3.3 常见建筑结构的受力特点分析 ·· 24

项目 4 受弯构件分析 ·· 27
    任务 4.1 受弯构件的内力分析 ··· 27
    任务 4.2 钢筋混凝土受弯构件的构造要求 ··· 38

项目 5 受压构件分析 ·· 41
    任务 5.1 受压构件的内力分析 ··· 41
    任务 5.2 钢筋混凝土受压构件的构造要求 ··· 47

项目 6 钢筋混凝土结构施工图的识读 ··· 49
    任务 6.1 识读结构设计总说明 ··· 49
    任务 6.2 识读基础施工图 ··· 51
    任务 6.3 识读房屋结构施工图 ··· 54
    任务 6.4 识读楼梯结构施工图 ··· 60

参考文献 ·· 65

项目1　建筑结构的认知

任务1.1　建筑结构的认知

【学习目标】

1. 能够区分荷载的种类；
2. 能够区分荷载与结构所受作用的区别；
3. 能够知道结构抗力在结构设计中的意义。

【任务描述】

对建筑结构做一个基本介绍，是对本部分所要学习的建筑结构课程的一个引入，使得学生有一个基本认识。

【相关资源】

在建筑中，由若干构件（如柱、梁、板等）连接而构成的能承受各种外界作用（如荷载、温度变化、地基不均匀沉降等）的体系，叫做建筑结构。建筑结构在建筑中起骨架作用，是建筑的重要组成部分。

作用是指施加在结构上的集中力或分布力，以及引起结构外加变形或约束变形的原因。

结构作用按形式的不同，可分为直接作用和间接作用两类。

结构上的作用按其随时间的变异性和出现的可能性分为永久作用、可变作用和偶然作用。

【任务实施】

区分一下外力对结构的作用哪些属于荷载、哪些属于作用：

（1）电影院里的座椅对楼板的压力。
（2）屋顶积雪后对屋顶的压力。
（3）仓库里货物对地面的压力。
（4）地震作用：地震作用会作用在建筑物上，引起建筑物的变形或者产生受力。
（5）温度作用：热胀冷缩现象会使得建筑物在使用过程中某些结构构件产生拉压应力进而影响到结构构件的受力。

【习题】

1. 解释材料的强度与刚度？

2. 说说可变荷载与永久荷载的区别。

3. 举例说明建筑结构所受的常见荷载与作用。

4. 什么是结构抗力？

【任务评价】

表1 学习（工作）任务完成情况评价表

项目1：建筑结构的认知　　　　　　　　　　　　　　　　　　　　　任务1.1 建筑结构的认知

序号	考评内容	分值	学生自评（20%）	小组评价（30%）	教师评价（50%）	单项内容加权得分
1	知识与技能					
2	过程与方法					
3	态度与合作					
任务得分=∑（单项内容加权得分）						

评价标准：百分制。知识与技能按完成任务的正确性的程度和速度的快慢来评分；过程与方法按能否举一反三，解决同类型的问题来评分；态度与合作按参加小组讨论的积极性和所起的作用大小来评分。

【项目评价】

表2 建筑结构的认知项目完成情况评价表

任务编号	任务	得分	权重	项目得分
1	任务1.1 建筑结构的认知		100%	

表中的得分指的是各学习（工作）任务完成情况评价表中的任务得分。

项目 2　简单建筑结构和构件的约束反力计算

任务 2.1　简单结构和构件的受力分析

【学习目标】

1. 了解力的基本知识；
2. 能列举实例叙述静力学的基本公理；
3. 能够画出简单结构和构件的受力图。

【任务描述】

在工程实际中，每个构件都以一定的形式与周围物体相互连接，相互之间有力的作用。本任务主要研究简单结构和构件的受力分析，并用图示的方法把简单结构和构件的受力表示出来（受力图），为完成各后续任务打下基础。例如，若不计各杆自重，试画如图 2-1 所示三角架的受力图；试画图 2-2 所示梁的受力图。

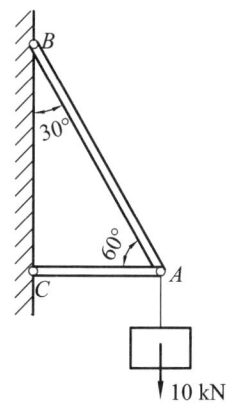

图 2-1　三角架的受力分析

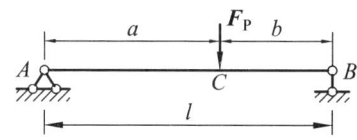

图 2-2　梁的受力分析

【相关资源】

1. 相关知识

约束：对物体运动预加限制的其他物体。（这里，约束是名词，而不是动词的约束。）
主动力：主动改变物体的运动状态或使物体有运动趋势的力。

约束力：约束给被约束物体的力。

（1）几种理想约束的约束力。

① 柔性约束。

由绳索、钢丝束、链条、胶带等形成的约束称为柔性约束。柔性约束的约束力作用在与研究对象的连接点，沿柔性约束的中心线，背离物体（为拉力）。

② 二力杆件约束。

只受二力作用且处于平衡状态的杆件称为**二力杆件**。二力杆件约束的约束力作用在与研究对象的连接点，沿连接两作用点的直线，指向由研究对象的平衡确定。

在受力分析时，两端铰接，中间不受力（包括略去自重）且处于平衡状态的直杆称为

链杆：链杆是二力杆件的特例。当链杆成为约束时，称为**链杆约束**。链杆约束的约束力作用在与研究对象的连接点，沿连接两端铰心的直线，指向由研究对象的平衡确定。

③ 光滑接触面约束。

当约束与研究对象的接触略去摩擦时，接触面抽象为**光滑接触面**，此时的约束称为**光滑接触面约束**。光滑接触面约束的约束力作用在与研究对象的接触处，沿接触面的公法线，指向研究对象（为压力）。

④ 光滑圆柱铰链约束。

一个光滑的圆柱销钉插入两构件的光滑圆孔，形成**光滑圆柱铰链**。光滑圆柱铰链的约束力，总是作用在铰上。约束力的方位能够判断时用一个力表示；方位不能判断时用相互垂直的两个分力表示。圆柱销钉连接两根杆件，一般称为**中间铰**。

固定铰支座的约束力（常称**支座反力**）的方位能够判断时用一个力表示；不易判断时，用相互垂直的两个分力表示。

可动铰支座的支座反力的方位垂直于支承面。用单注脚表示铰的名称。

（2）隔离体、受力图。

隔离体：从与其他物体连接中隔离出来的研究对象。

受力图：用以显示隔离体全部受力情况的图形。

2. 学具准备

三角板、铅笔、钢笔、笔记本。

【任务实施】画受力图

练习 2-1　若不计各杆自重，试画如图 2-3 所示三角架的受力图。

解：（1）取隔离体，（要求：大小、形状与原图一样）取三角架为隔离体。

（2）画主动力（要求：与原图一样）。

（3）画约束力（要求：将所解除的约束对应的约束力一一画出）。

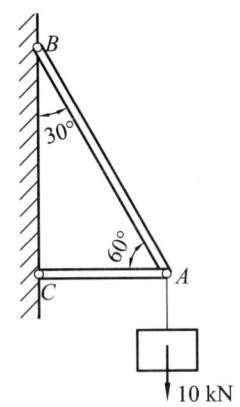

图 2-3 三角架的受力图

练习 2-2 画图 2-4 所示梁的受力图。

解：① 取隔离体；

② 画主动力；

③ 画约束力。

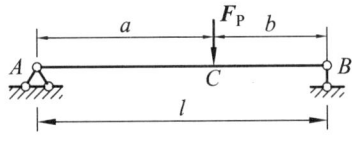

图 2-4 梁的受力图

练习 2-3 画图 2-5 所示梁的受力图。

解：① 取隔离体；

② 画主动力；

③ 画约束力。

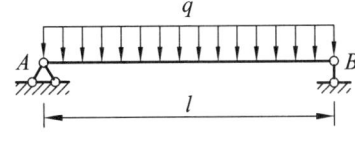

图 2-5 梁的受力图

【习题】

2-1-1 试从力的运动效应和变形效应分析足球赛罚角球进球的全过程。思考足球为什么不用木头做成？

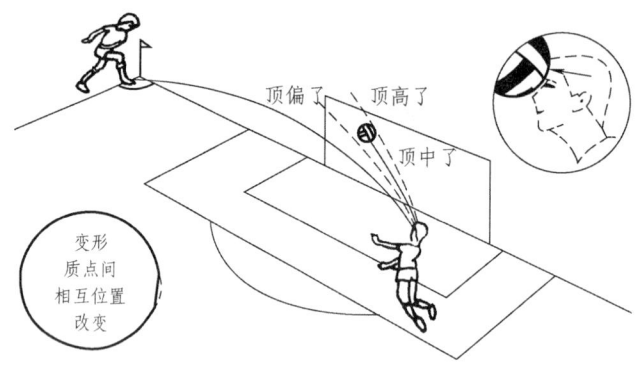

题 2-1-1 图

2-1-2 **小实验** 动手做教材中图 2-5 所示集中力、分布力作用下梁的变形实验。

2-1-3 图中各杆的自重不计，试在 A、B 两点各画一力，使杆处于平衡状态。标出其中的链杆。

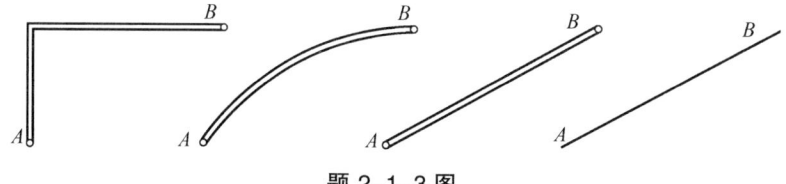

题 2-1-3 图

2-1-4 **小实验** 用悬挂法找不规则形状硬纸片的重心。

2-1-5 简述作用与反作用公理。试画图表示运动员脚蹬地的力与地撑脚的力的关系。
作用力与反作用力：
作用线_____，
指向 _____，
大小 _____，
分别作用在_____。

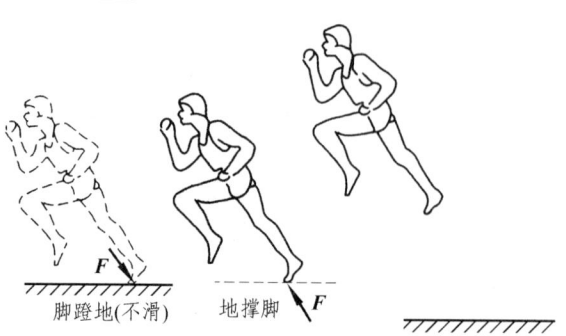

题 2-1-5 图

2-1-6 用一个力等效替代一个力系的过程叫做_____；用一个力系等效替代一

个力的过程叫做_____。将两个共点力合成一个力,或者将一个力分解为两个力的法则是_____法则。

2-1-7 有人问"合力大还是分力大?"试完成下列作业,自己寻求答案。

(1)按照给定的比例尺,用画平行四边形的方法求合力,见图(a)。

(2)**小实验** 用力的平行四边形模型演示图(a)所示的分力、合力关系。

(3)按照给定的比例尺,用画平行四边的方法求力沿水平、竖直方位分解的分力,见图(b)。

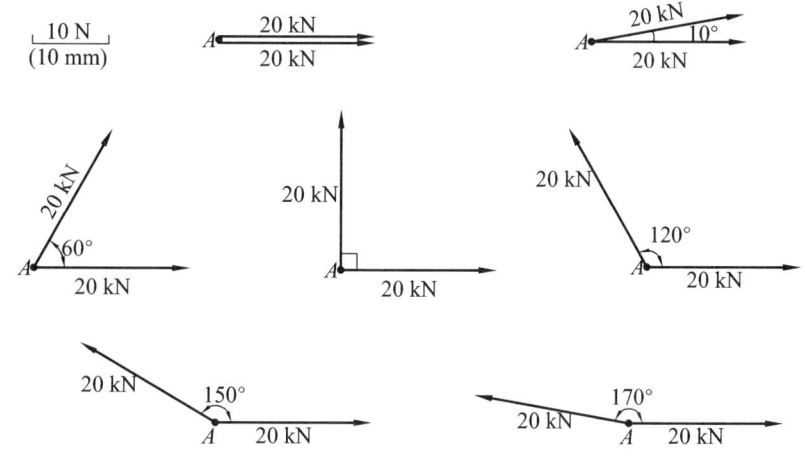

(a)用图解法求两共点力的合力

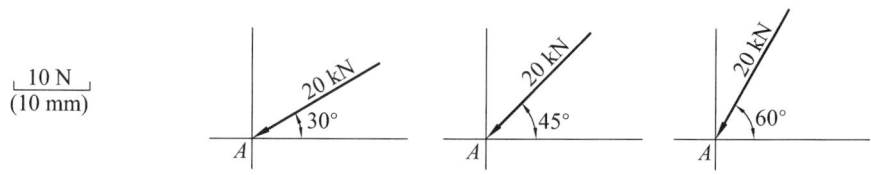

(b)用图解法求力在竖直、水平方位的分力

题 2-1-7 图

2-1-8 **小实验** 沿纯净水瓶子的高度等距离钻几个小孔,将瓶装满水,观察发生的现象,并说出道理。右图表示盛有水的游泳池,试沿池壁、池底画出水压力的分布图。

题 2-1-8 图

2-1-9 试按杆件、支座、荷载的顺序画出梁的计算简图,在图上用汉字标注各部分的名称,并用力学小实验元件拼出梁的模型:

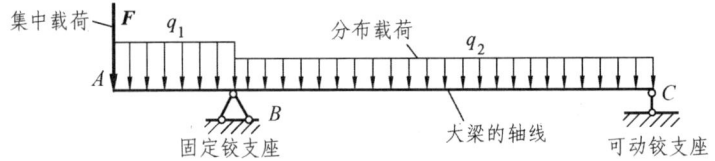

（a）楼盖大梁——外伸梁（示例）

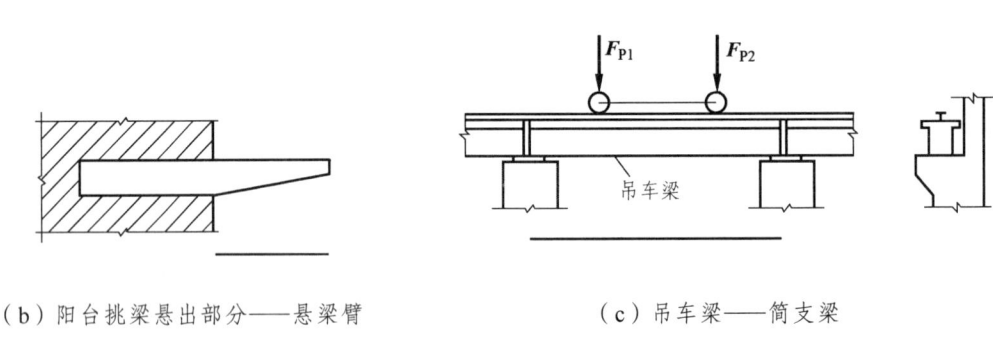

（b）阳台挑梁悬出部分——悬梁臂　　　　　（c）吊车梁——简支梁

题 2-1-9 图

2-1-10　指出图中各物体受力图的错误，请改正（或重画）。

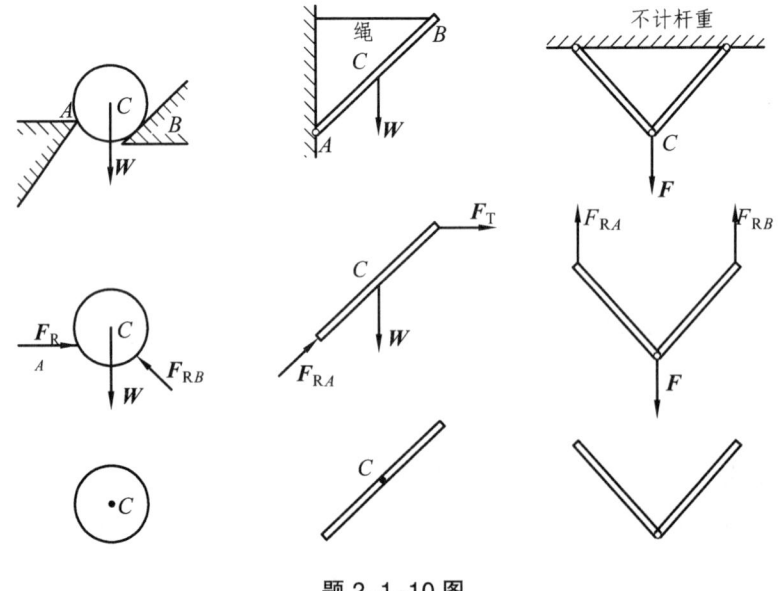

题 2-1-10 图

2-1-11　悬臂式吊车的 A、B、C 三处均为铰链，AB 杆、BC 杆的重量不计。试画重物在图示位置时横梁（用轴线代替）AB 的受力图。

2-1-12　画图示塔桅结构（包括人字架 OA）的受力图。该塔桅结构正在起扳中，塔身连同人字架 OA 重 W，O 为铰链，AD 为拉索。

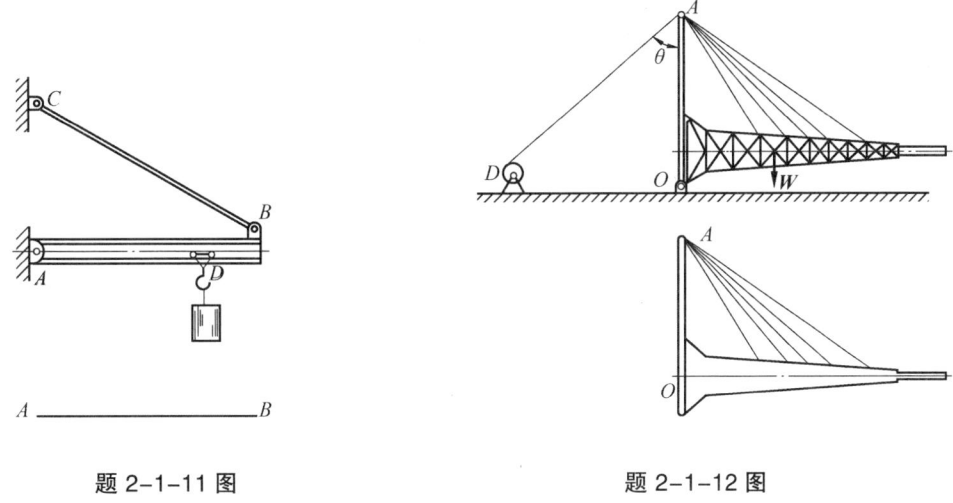

题 2-1-11 图　　　　　　　　题 2-1-12 图

2-1-13　画图示连续梁的受力图。

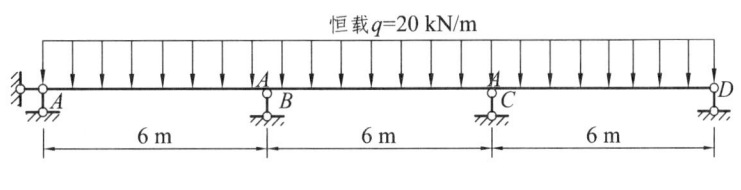

题 2-1-13 图

2-1-14　图示两铰拱的受力图。
2-1-15　图示简支刚架的受力图。
2-1-16　画图示桁架的受力图。

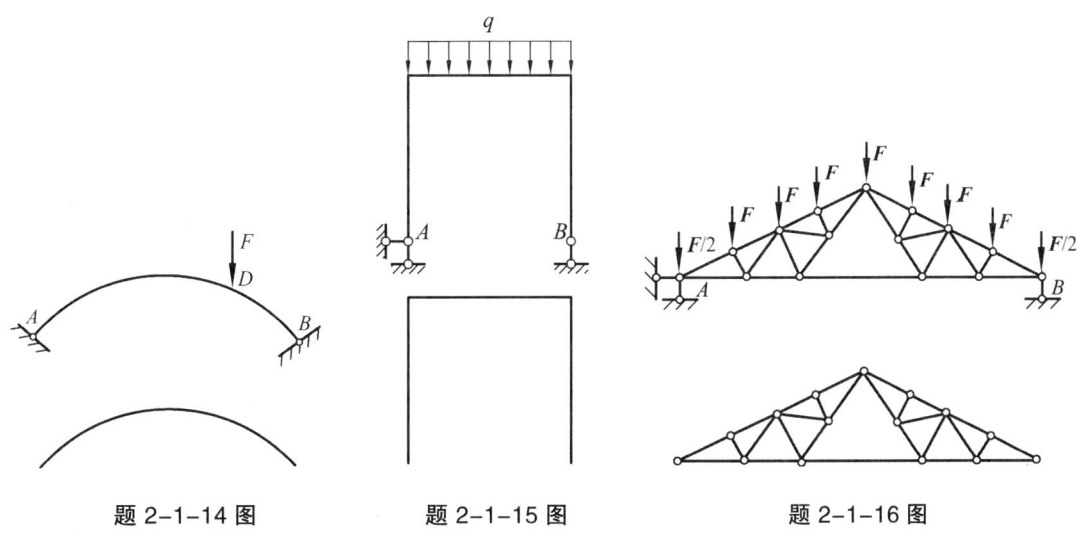

题 2-1-14 图　　　　　题 2-1-15 图　　　　　题 2-1-16 图

2-1-17　设梁上承受均布荷载，试画图示组合结构的受力图。

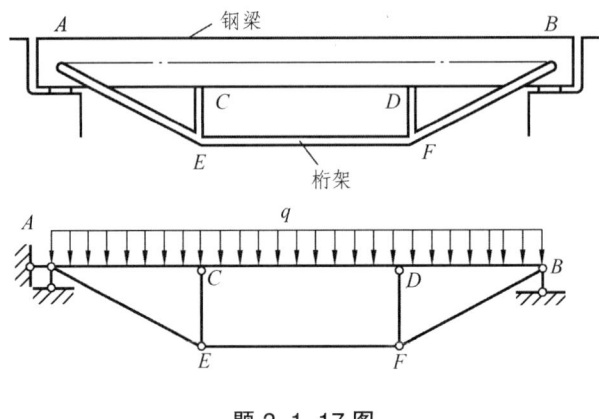

题 2-1-17 图

2-1-18 各杆的自重不计,地面光滑。做人字梯 ABC、杆件 AC、BC 及绳 DE 的受力图。

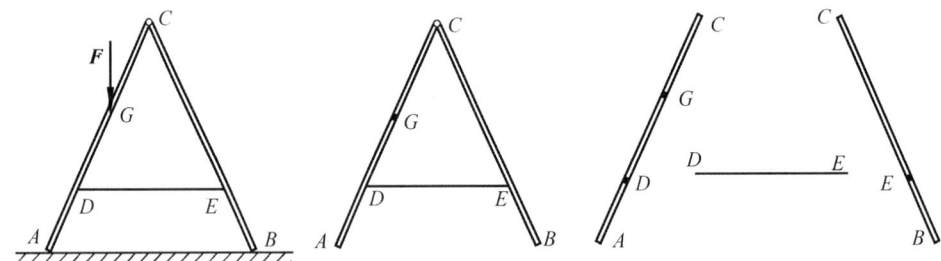

题 2-1-18 图

【任务评价】

表 1 学习（工作）任务完成情况评价表

项目2：简单建筑结构和构件的约束反力计算　　任务 2.1 简单结构和构件的受力分析

序号	考评内容	分值	学生自评（20%）	小组评价（30%）	教师评价（50%）	单项内容加权得分
1	知识与技能					
2	过程与方法					
3	态度与合作					
任务得分=∑（单项内容加权得分）						

评价标准：百分制。知识与技能按完成任务的正确性的程度和速度的快慢来评分；过程与方法按能否举一反三，解决同类型的问题来评分；态度与合作按参加小组讨论的积极性和所起的作用大小来评分。

任务 2.2　计算简单结构和构件的约束反力

【学习目标】

1. 能描述力在直角坐标轴上的投影、力对点的矩、力偶、力偶矩等概念；

2. 能计算简单结构和构件的约束反力。

【任务描述】

本任务主要研究结构和构件受平面力系作用下约束反力的求法。如图 2-6 所示悬臂梁的荷载 F_P=20 kN，l=4 m，求梁的支座反力。如图 2-7 所示简支梁，线均布荷载的集度 q=10 kN/m，l=6 m，求梁的支座反力。

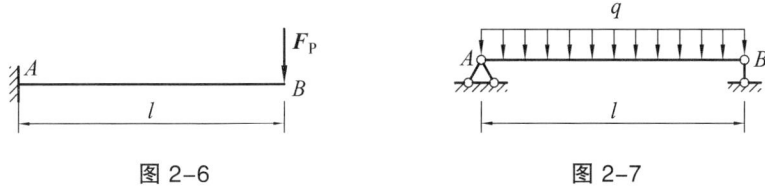

图 2-6　　　　　　　　　　　图 2-7

【相关资源】

1. 相关知识

（1）力在坐标轴上的投影：

$$|F_x| = F\cos\alpha$$
$$|F_y| = F\sin\alpha$$

式中，α 表示力矢量与坐标轴所夹的锐角；力 F 的偏向与坐标轴正向相同时取正号，相反取负号，当力矢量垂直于坐标轴时，力在该轴上的投影为零。

（2）力对点之矩（见图 2-8）：

力 F 对 O 点之矩可表达为代数量：

$$M_O(F) = \pm Fd \quad (规定逆时针转向为正，顺时针转向为负)$$

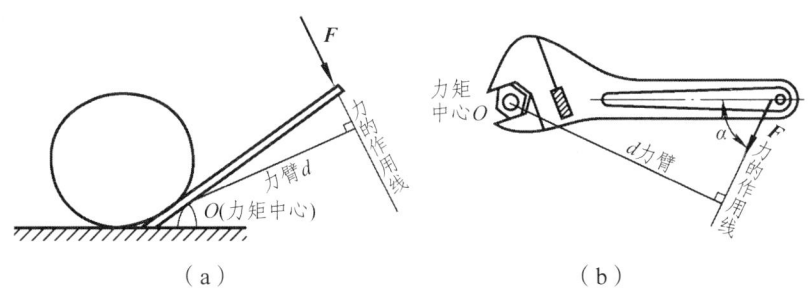

（a）　　　　　　　　　　　（b）

图 2-8　力对点之矩

（3）力偶与力偶矩。

力偶：大小相等、方向相反而且不共线的两个力所组成的力系（**F**，**F′**）。

力偶在坐标轴上的投影为零；力偶对任一点之矩等于力偶矩。

力偶矩：

$$M = \pm Fd \quad (规定逆时针转向为正，顺时针转向为负)$$

（4）平面一般力系的平衡方程基本形式：

$$\left.\begin{array}{l}\sum F_x = 0\\ \sum F_y = 0\\ \sum M_A(F) = 0\end{array}\right\}$$

读作　力系各力在 x 轴投影的代数和等于零；
　　　力系各力在 y 轴投影的代数和等于零；
　　　力系各力对 A 点之矩的代数和等于零。
　　　平面力系的平衡方程：见教材表 2-1。

2. 学具准备

三角板、铅笔、钢笔、笔记本、计算器。

【任务实施】 计算简单结构和构件的约束反力

练习 2-4　如图 2-9 所示悬臂梁的荷载 F_P=20 kN，l=4 m，求梁的支座反力。

解　（1）**取**　取梁 AB 为隔离体。

（2）**画**　画梁的受力图。

（3）**平衡**　列平衡方程求解。

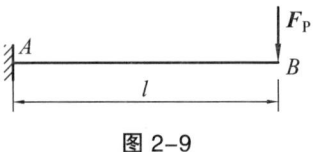

图 2-9

练习 2-5　如图 2-10 所示简支梁，线均布荷载的集度 q=10 kN/m，l=6 m，求梁的支座反力。

解　（1）**取**　取梁 AB 为隔离体。

（2）**画**　画梁的受力图。

（3）**平衡**　列平衡方程求解。

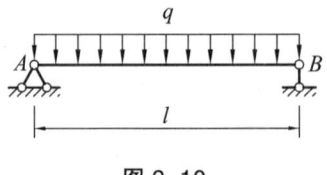

图 2-10

练习 2-6 如图 2-11 所示简支梁的荷载 $F_P=30kN$，求梁的支座反力。

解 （1）**取** 取梁 AB 为隔离体。

（2）**画** 画梁的受力图。

（3）**平衡** 列平衡方程求解。

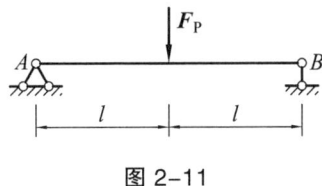

图 2-11

【习题】

2-2-1 画出力投向坐标轴的"影子"，计算力在坐标轴上的投影。

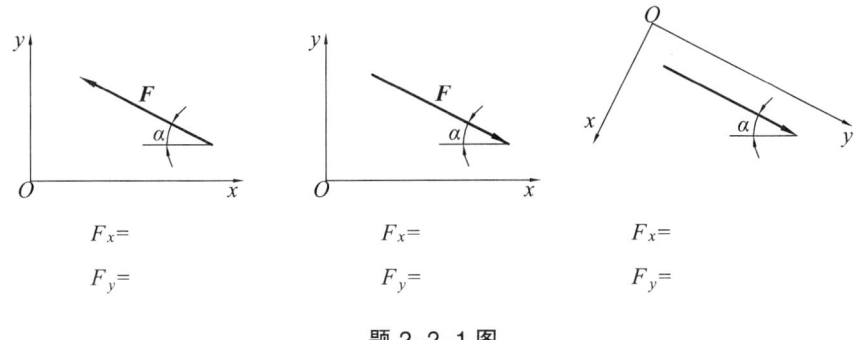

题 2-2-1 图

2-2-2 什么叫物体平衡？什么叫平衡力系？

2-2-3 简述平面力系的分类。

2-2-4 按先后顺序书写平衡方程名称中的字符。

例：力系各<u>力</u> 在 x 轴上的投影 的代数和 等于零：

$$F \quad x \quad \sum \quad = \quad 0 : \quad \sum F_x = 0$$

力系各力 在 y 轴上的投影 的代数和 等于零：

力系各力 在 x 轴上的投影 的代数和 等于零：

今后，在写平衡方程的名称时，都按此顺序边念边写。渐渐地，平衡方程的意义便印在脑中。

2-2-5 你对解一元一次方程熟悉吗？试解如下方程：

$x+a=0$ $b-x=0$ $2x+b=0$ $-d+3x=0$

2-2-6 **小实验**并计算：在辞典的中央捆一根绳，在绳上拴两根细线。让细线分别挂在左右食指上，使辞典平衡。两食指对称地逐渐分开，看细线什么时候拉断。设辞典重量为 W，以 θ 表示拉力 F 的倾角，用平衡方程求出每根细绳拉力的大小 F。然后，代入指定的 θ 值计算，并分析结果。

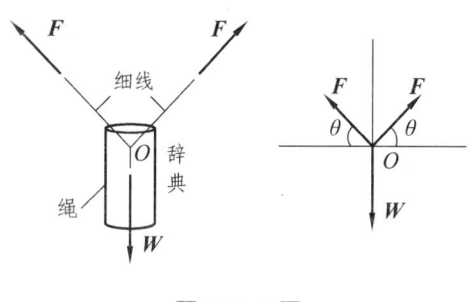

题 2-2-6 图

$\theta = 90°$， $F=$ _____ W
$\theta = 45°$， $F=$ _____ W
$\theta = 30°$， $F=$ _____ W
$\theta = 15°$， $F=$ _____ W

2-2-7 求图示三角架中 AB 杆、CD 杆所受的力，要求标明拉压。

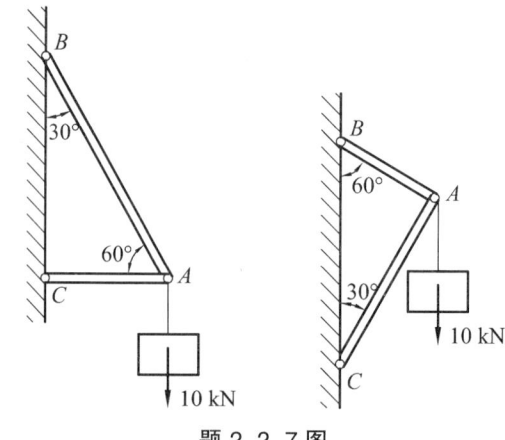

题 2-2-7 图

2-2-8 计算各图中力对 O 点之矩。要求用汉字标"力矩中心"，画力的作用线并标汉字，画力臂并标汉字，然后计算力矩。

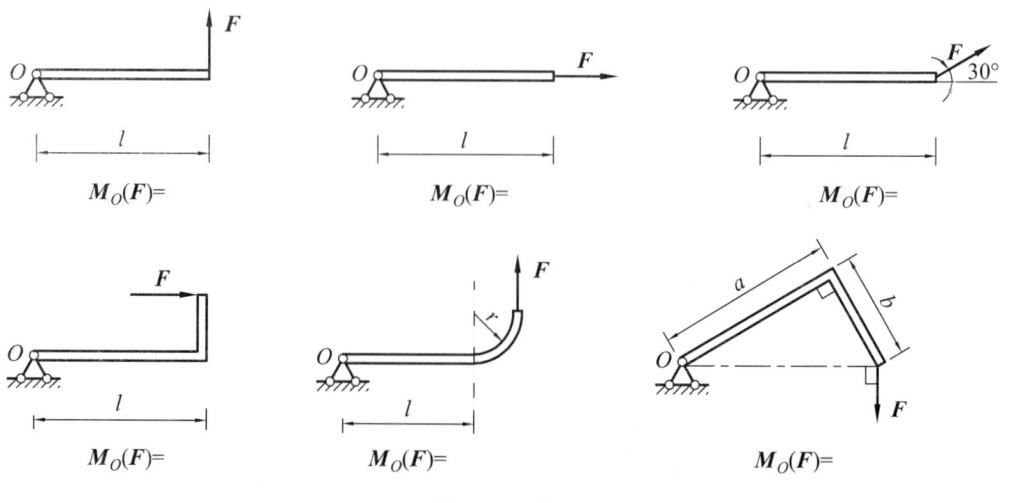

题 2-2-8 图

2-2-9 要求利用分力、合力计算力对 O 点之矩。

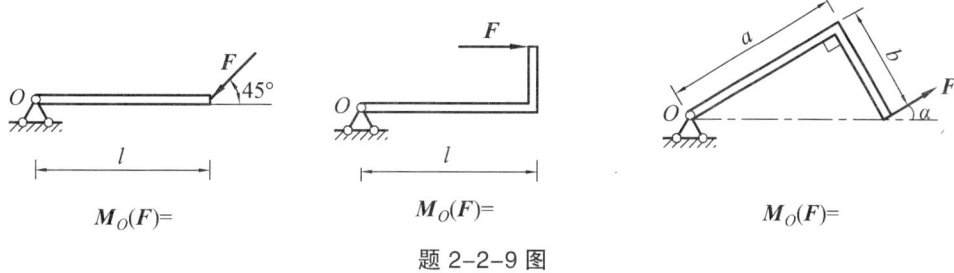

$M_O(F)=$ ____ $M_O(F)=$ ____ $M_O(F)=$ ____

题 2-2-9 图

2-2-10 计算分布荷载对指定点的力矩。要求画合力，标合力的大小；左手指着力矩中心，判断转向和力臂。

图（a）中：$M_A(F) =$ _____

$M_B(F) =$ _____

$M_C(F) =$ _____

$M_D(F) =$ _____

图（b）中：$M_A(F) =$ _____

$M_B(F) =$ _____

$M_C(F) =$ _____

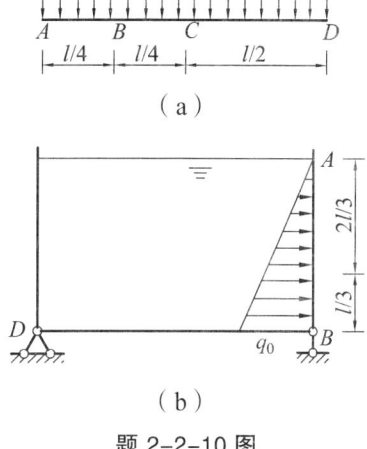

题 2-2-10 图

2-2-11 小实验 图示两头都可点燃的蜡烛，中间穿针支承在两只水杯上。蜡烛未点燃时，平衡于水平位置。点燃蜡烛的两头之后，你会发现一种惊人的现象。你能解释这种现象吗？请给这个小实验取一个有趣的名称。

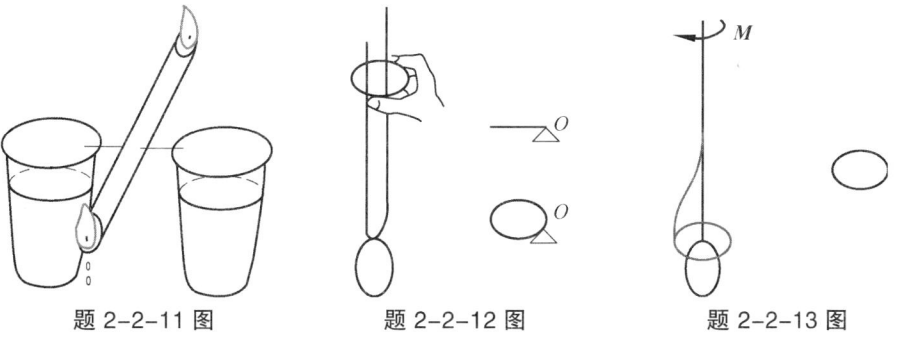

题 2-2-11 图   题 2-2-12 图   题 2-2-13 图

2-2-12 小实验 如图所示，左手的拇指、中指将链条撑开，右手的拇指、食指捏住金属环从下垂的链条的外边套到链条的中部。松开右手手指，金属环下落，最终可能挂在链条上。能否挂上的关键在于，金属环要靠在卷曲的右手中指的关节上。像玩魔术一样表演给大家看，再从力学的角度解释其中的奥妙。

2-2-13　**小实验**：如图所示，细绳的一端拴住金属环，另一端捏在右手的拇指、食指上，让金属环下垂。拇指、食指搓动绳端施加力偶，金属环开始绕绳子转动。加速搓动，甚至用双手手掌搓动，金属环所在的平面会变为水平，跟飘起来一样。像玩魔术一样表演给大家看，再从力学的角度解释其中的奥妙。

2-2-14　假设将图示雨篷板简化为悬臂梁，试依据它的计算简图画受力图。

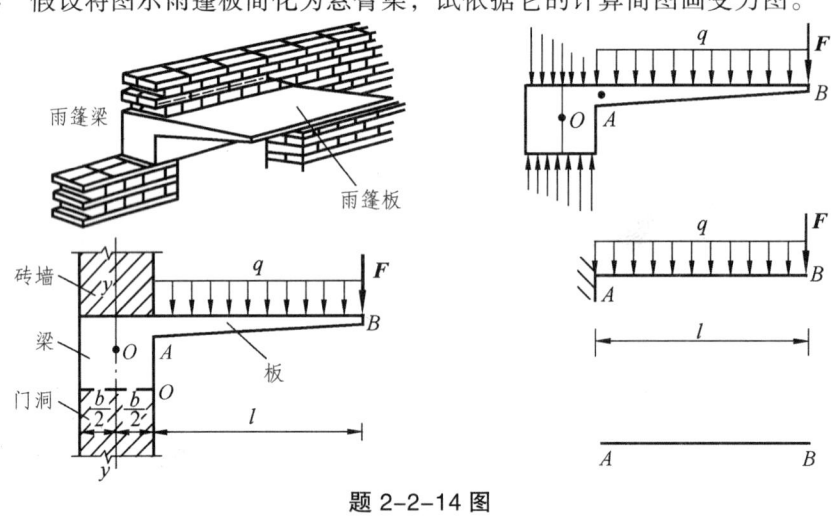

题 2-2-14 图

2-2-15　在平面内，力偶对任一点之矩等于_____。计算图示梁上荷载对指定点之矩的代数和。

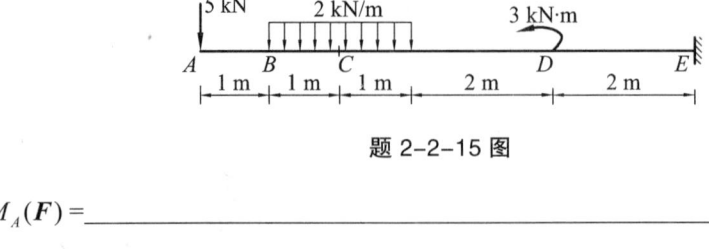

题 2-2-15 图

$\sum M_A(\boldsymbol{F}) = $ _____

$\sum M_B(\boldsymbol{F}) = $ _____

$\sum M_C(\boldsymbol{F}) = $ _____

$\sum M_D(\boldsymbol{F}) = $ _____

$\sum M_E(\boldsymbol{F}) = $ _____

2-2-16 求图示力偶系的合力偶，要求将结果标在图上。

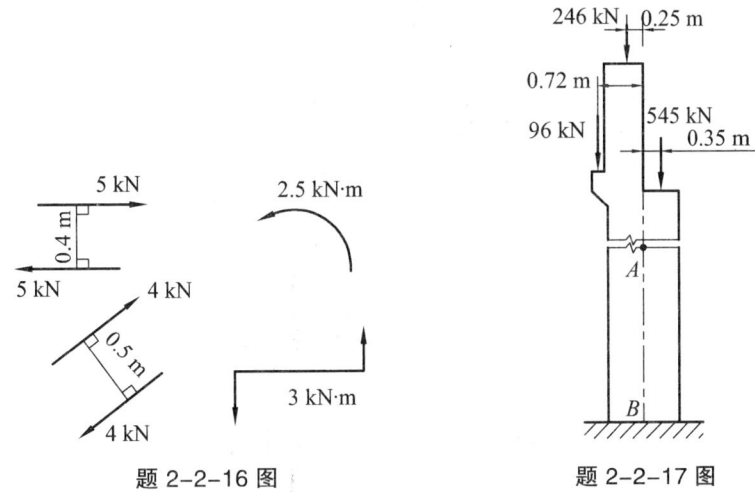

题 2-2-16 图　　题 2-2-17 图

2-2-17 图示厂房排架柱，承受屋架传给柱顶的力和左侧托墙梁、右侧吊车梁传来的力。试将各力向柱下段轴线上的 A 点平移，计算使下段压缩的力和使下段弯曲的力偶矩，并说明柱的下段弯曲时哪一侧受拉（在图上标"受压侧"）。

2-2-18 按先后顺序书写平衡方程名称中的字符。

示例：力系各力　在 x 轴上的投影　的代数和　等于零：

$$F \quad x \quad \sum \quad = \quad 0 : \quad \sum F_x = 0$$

力系各力　对 A 点之矩　的代数和　等于零：

在写平衡方程名称的时候，都按此顺序边念边写。

2-2-19 熟悉列平衡方程时特殊的投影与取矩吗？试书写指定的投影与力矩，并口述所依据的定义、定理或规律。

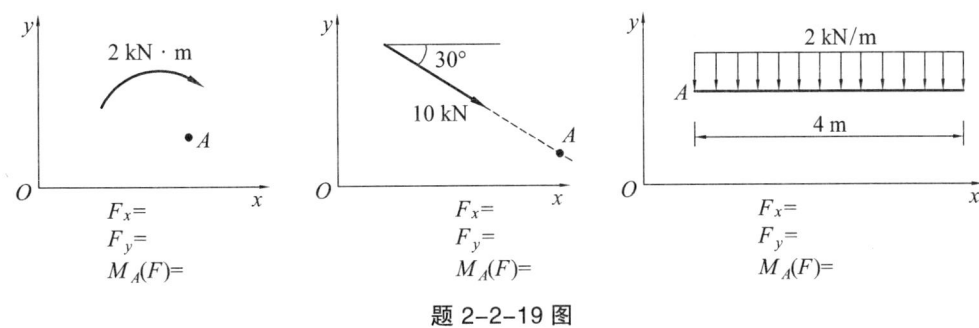

题 2-2-19 图

2-2-20　求图示悬臂梁的支座反力。

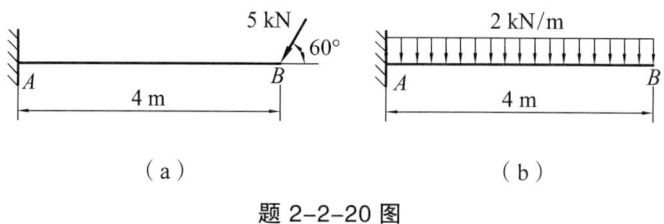

题 2-2-20 图

2-2-21　求图示简支梁的支座反力。

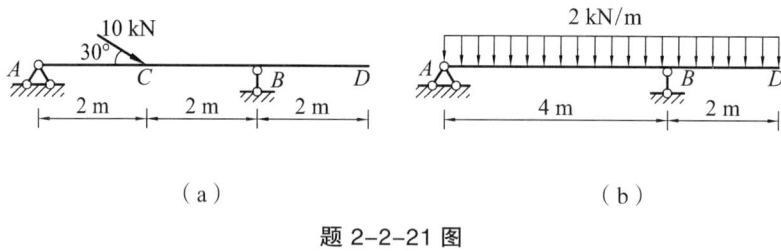

题 2-2-21 图

2-2-22　求图示外伸梁的支座反力。

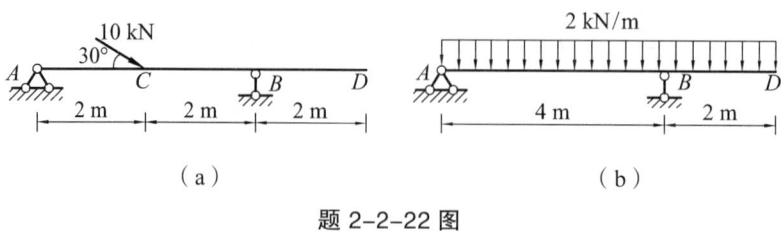

题 2-2-22 图

2-2-23　塔式起重机的最大起重量 $F_P = 50$ kN，平衡重 $F_Q = 30$ kN，机身总重 $W=220$ kN。(1)求满载时轨道对起重机的约束力；(2)求空载时轨道对起重机的约束力。

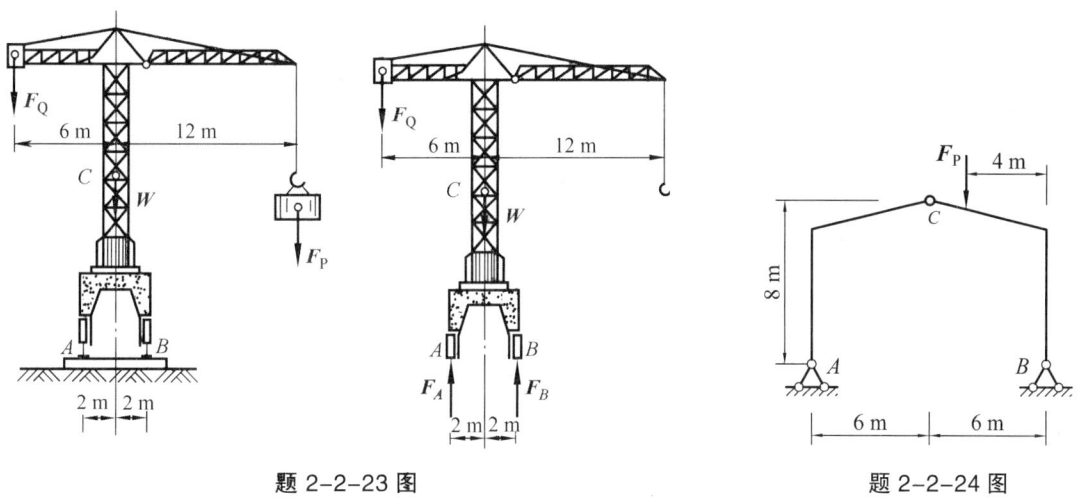

题 2-2-23 图　　　　　　　　　　　　　题 2-2-24 图

2-2-24　求图示三铰刚架的支座反力。

*2-2-25　图中，$a = 2\,\mathrm{m}, q = 10\,\mathrm{kN/m}, F_P = qa, M = \dfrac{1}{2}qa^2$，求梁的支座反力。

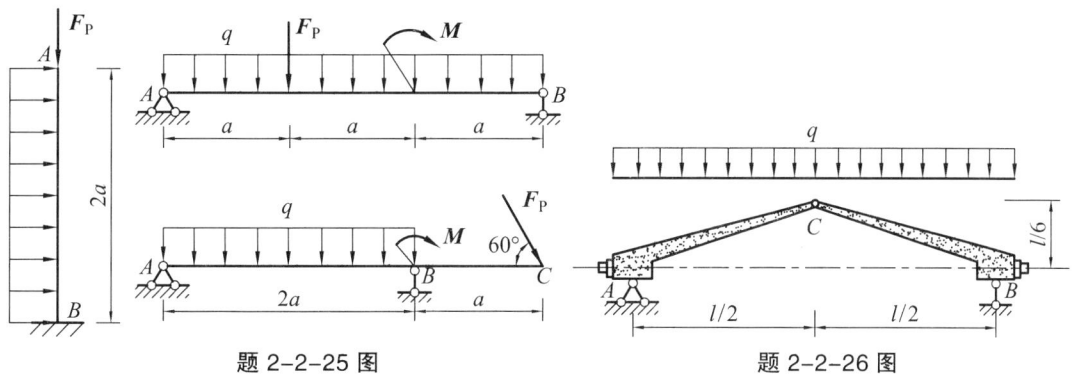

题 2-2-25 图　　　　　　　　　　　　　题 2-2-26 图

*2-2-26　求图示屋架 A、B 处的支座反力、系杆 AB 的拉力和铰链 C 处的内约束力。

【任务评价】

表1 学习（工作）任务完成情况评价表

项目2：简单建筑结构和构件的约束反力计算任务　　　　　2.2：计算简单结构和构件的约束反力

序号	考评内容	分值	学生自评（20%）	小组评价（30%）	教师评价（50%）	单项内容加权得分
1	知识与技能					
2	过程与方法					
3	态度与合作					
	任务得分=∑（单项内容加权得分）					

评价标准：百分制。知识与技能按完成任务的正确性的程度和速度的快慢来评分；过程与方法按能否举一反三，解决同类型的问题来评分；态度与合作按参加小组讨论的积极性和所起的作用大小来评分。

【项目评价】

表2 简单建筑结构和构件的约束反力计算项目完成情况评价表

任务编号	任务	得分	权重	项目得分
1	任务2.1 简单结构和构件的受力分析		30%	
2	任务2.2 计算简单结构和构件的约束反力		70%	

表中的得分指的是各学习（工作）任务完成情况评价表中的任务得分。

项目 3　建筑结构设计的基础知识及受力特点分析

任务 3.1　荷载的认知

【学习目标】

1. 能知道荷载的标准值、组合值、频遇值和准永久值的区别；
2. 能判断结构的极限状态；
3. 能知道结构的可靠度。

【任务描述】

建筑结构设计的主要任务就是进行结构设计和结构分析，其中就会涉及结构的受力。所以我们要学习结构设计之前，先对建筑结构所受荷载进行学习。

【相关资源】

1. 相关知识

作用在结构上的荷载是随时间而变化的不确定的变量。如风荷载（其大小和方向是化变的）、楼面活荷载（大小和作用位置均随时间而变化）。即使是恒荷载（如结构自重），也随其材料比重的变化以及实际尺寸与设计尺寸的偏差而变异。在设计表达式中如果直接引用反映荷载变异性的各种统计参数，将造成很多困难，也不便于应用。为简化设计表达式，对荷载给予一个规定的量值，称为荷载代表值。荷载可根据不同的设计要求，规定不同的代表值。永久荷载采用标准值作为代表值，可变荷载采用标准值、准永久值、组合值或频遇值为代表值。

2. 学具准备

钢笔、笔记本、计算器。

【任务实施】卫生间楼面永久荷载标准值计算填空

5 mm 厚陶瓷锦砖（水泥擦缝）	0.12 kN/m^2
撒素水泥	
20 mm 厚 1∶2.5 水泥砂浆找平：	(　　　)
素水泥浆一道	
60 mm 厚的细石混凝土（1%坡向地漏方向找坡）：	(　　　)
1.5 mm 厚的 SPU 防水涂料	
100 mm 厚现浇钢筋混凝土板：	(　　　)

刷大白浆一道

合计：　　　　　　　　　　　　　　　　　　　　　（　　　　）

【习题】

3.1.1　什么是荷载标准值？

3.1.2　什么是荷载准永久值？什么是频遇值？什么是组合值？

3.1.3　什么是结构构件的极限状态？

【任务评价】

表1　学习（工作）任务完成情况评价表

项目3：建筑结构设计的基础知识及受力特点分析　　　　　　　　　　任务3.1：荷载的认知

序号	考评内容	分值	学生自评（20%）	小组评价（30%）	教师评价（50%）	单项内容加权得分
1	知识与技能					
2	过程与方法					
3	态度与合作					
任务得分=∑（单项内容加权得分）						

评价标准：百分制。知识与技能按完成任务的正确性的程度和速度的快慢来评分；过程与方法按能否举一反三，解决同类型的问题来评分；态度与合作按参加小组讨论的积极性和所起的作用大小来评分。

任务3.2　建筑结构设计基本知识的认知

【任务目标】

1. 能知道建筑结构基本功能有哪些要求；
2. 能区分建筑结构的两个极限状态；
3. 能列出结构极限状态表达式。

【任务描述】

本次任务主要是在学习结构设计知识前，先掌握一些基本知识，以便能够在后面的学习中有一个良好的基础。

【相关资源】

1. 相关知识

（1）建筑结构的功能要求：

建筑结构在规定的时间内（一般为 50 年），在正常条件下，必须满足其功能要求，即结构的安全性、适用性、耐久性。

（2）建筑结构的极限状态。

若整个结构或结构的一部分超过某一特定状态，就不能满足设计规定的某一功能的要求，则此特定状态就称为该功能的极限状态。极限状态也就是结构濒于失效的一种状态。

极限状态可分为承载能力极限状态和正常使用极限状态两类。

2. 学具准备

钢笔、笔记本。

【任务实施】

结合所学知识回答以下问题：

1. 承载能力极限状态不包括（　　　）。

A. 疲劳破坏　　　　B. 裂缝过宽　　　　C. 倾覆　　　　D. 滑移

2. 如图 3-1 所示外伸梁，为了不使支座 A 产生反力，集中荷载 P 的值为（　　　）。

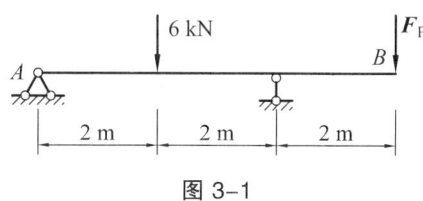

图 3-1

A. 6 kN　　　　B. 8 kN　　　　C. 10 kN　　　　D. 12 kN

3. 大跨度混凝土拱式结构建（构）筑物，主要利用了混凝土良好的（　　　）。

A. 抗剪性能　　　　B. 抗弯性能　　　　C. 抗拉性能　　　　D. 抗压性能

4. 下列（　　　）不属于结构安全性的要求。

A. 结构在施工时不发生破坏

B. 结构在遇到强烈地震时不倒塌

C. 结构在正常使用的条件下，应能承受可能出现的各种荷载作用而不发生破坏

D. 在正常使用时，结构不能出现过大的变形

5. 什么是可靠度？可靠概率与失效概率有什么关系？

6. 什么是结构的功能函数和极限状态方程？

【习题】

3.2.1 什么是结构的可靠性？它包含哪些功能要求？

3.2.2 当前结构设计中考虑的有哪几种极限状态？

3.2.3 承载能力极限状态和正常使用极限状态各有哪些实用设计表达式？

【任务评价】

表1 学习（工作）任务完成情况评价表

项目3：建筑结构的设计的基础知识及受力特点分析　　　　任务3.2：建筑结构设计基本知识的认知

序号	考评内容	分值	学生自评（20%）	小组评价（30%）	教师评价（50%）	单项内容加权得分
1	知识与技能					
2	过程与方法					
3	态度与合作					
任务得分=∑（单项内容加权得分）							

评价标准：百分制。知识与技能按完成任务的正确性的程度和速度的快慢来评分；过程与方法按能否举一反三，解决同类型的问题来评分；态度与合作按参加小组讨论的积极性和所起的作用大小来评分。

任务3.3 常见建筑结构的受力特点分析

【任务目标】

1. 能知道常见的建筑结构；
2. 能知道常见建筑结构的受力特点；
3. 能掌握常见建筑结构的适用范围和结构特点。

【任务描述】

本次任务主要是教会学生掌握常见的建筑结构的受力特点，使学生对于不同的结构形式受力的区别有所了解。

【相关资源】

建筑结构的分类：

根据所用材料，建筑结构可分为混凝土结构、砌体结构、钢结构和木结构。

根据受力和构造特点，建筑结构可做如下分类：多层与高层建筑：① 框架结构体系；② 混合结构体系；③ 剪力墙结构体系（包括框-剪、全剪、筒体结构）。单层大跨度建筑：① 平面结构体系：排架结构、刚架结构、拱结构；② 空间结构体系：薄壳结构、网架结构、悬索结构。

【任务实施】

回答下面的问题：

1. 建筑结构按主体结构的受力分类可分为哪几类？

2. 按结构所用材料分类建筑结构分为哪几类？

3. 什么是框架结构？并分析框架结构的受力特点？

4. 如图 3-2 所示刚架结构有何受力特点？

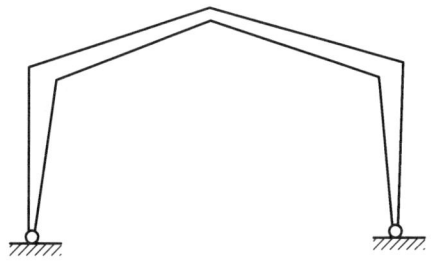

图 3-2　刚架结构

5. 筒体结构的应用范围是什么？

【习题】

3.3.1　解释砌体结构、钢结构、混凝土结构的区别。

3.3.2 解释混合结构、框架结构、剪力墙结构、框架剪力墙结构、筒体结构的受力特点。

3.3.3 简述钢筋的材料力学性能。

3.3.4 简述混凝土的材料力学性能。

【任务评价】

表1 学习（工作）任务完成情况评价表

项目3：建筑结构设计的基础知识及受力特点分析　　　　　　　任务3.3：常见建筑结构受力特点分析

序号	考评内容	分值	学生自评（20%）	小组评价（30%）	教师评价（50%）	单项内容加权得分
1	知识与技能					
2	过程与方法					
3	态度与合作					
		任务得分=∑（单项内容加权得分）				

评价标准：百分制。知识与技能按完成任务的正确性的程度和速度的快慢来评分；过程与方法按能否举一反三，解决同类型的问题来评分；态度与合作按参加小组讨论的积极性和所起的作用大小来评分。

【项目评价】

表2 建筑结构的基本设计原则及受力特点项目完成情况评价表

任务编号	任务	得分	权重	项目得分
1	任务3.1 荷载的认知		30%	
2	任务3.2 建筑结构设计基本知识的认知		30%	
3	任务3.3 常见建筑结构受力特点分析		40%	

注：表中的得分指的是各学习（工作）任务完成情况评价表中的任务得分。

项目 4 受弯构件分析

任务 4.1 受弯构件的内力分析

【学习目标】

1. 了解梁的形式；
2. 能计算梁的内力；
3. 能画出梁的内力图。

【任务描述】

为了解决梁的强度和刚度（的破坏）问题，首先应确定梁在外力作用下任一横截面上的内力。当作用在梁上的全部外力（包括荷载和支座反力）均为已知时，同样可采用计算轴向拉（压）内力的基本方法——截面法，根据这些已知的外力即可求出梁的内力，并画出梁的内力图。例如，试求图 4-1 悬臂梁指定 1—1、2—2 截面的内力；试画出图 4-2 示简支梁在集中力作用下的剪力图弯矩图。

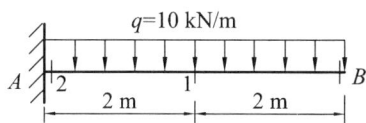

图 4-1 悬臂梁受均布荷载

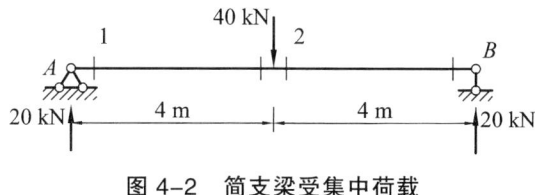

图 4-2 简支梁受集中荷载

【相关资源】

1. 梁的剪力和弯矩

（1）梁横截面的内力。

用截面法显示梁横截面的内力。横向集中内力对应剪切变形，称为**剪力**，用 F_S 表示；内力偶对应弯曲变形，称为**弯曲内力偶**，它的力偶矩称为**弯矩**，用 M 表示。

常用轴线段代表截取的梁段，画隔离体的受力图。

（2）剪力和弯矩的正负号规定。

剪力和弯曲内力偶的方位确定，可以用正负号来区别截然相反的两种指向。依据内力与变形一致的关系，用横截面附近梁段的变形方向来规定剪力、弯矩的正负号：**对应横截面附近梁段顺时针向错动的剪力为正**，反之为负；**对应横截面附近梁段下凸弯曲（下侧受拉）的弯矩为正**，反之为负。从此，梁的剪力、弯矩可以用代数量表示。

（3）用截面法计算梁的剪力和弯矩。

在计算内力之前，应求出须用的支座反力。

截面法的步骤如下：

①截；②取；③画；④平衡。

2. 简捷法绘剪力图和弯矩图

绘内力图的主要工作是绘内力函数图线。按几何作图的步骤绘内力函数图线比较简便：

（1）画基线，分区段（外力突变为标志，区段暂不含外力作用点）。

（2）逐段绘图线：

①判断图线类型；

②确定图线位置（截面法算控制点的纵坐标值，描控制点绘图线）。

【任务实施】

练习 4-1 试求图 4-3 悬臂梁指定 1—1、2—2 截面的内力。

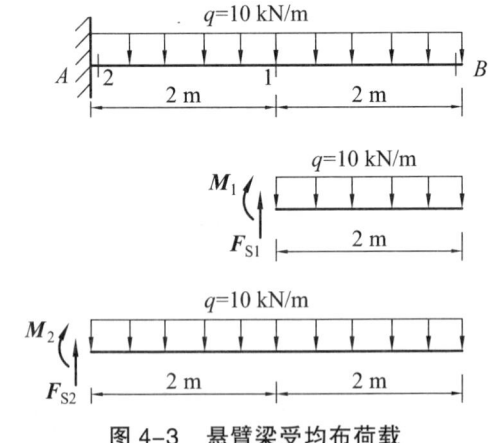

图 4-3 悬臂梁受均布荷载

解：（1）求 1 截面的剪力和弯矩。

取 1 截面以右梁段为隔离体画受力图。未知内力设为正向，则

$$\sum F_y = 0, \quad -10 \times 2 - F_{S1} = 0$$

$$F_{S1} = -20 \text{ kN}$$

（列力矩方程计算弯矩时，取 1 截面的形心 C_1 为力矩中心）

$$\sum M_{C_1} = 0, \quad M_1 + 10 \times 2 \times 1 = 0$$

$$M_1 = -20 \text{ kN·m}（上部受拉）$$

（2）求 2 截面的剪力和弯矩。

取 2 截面以左梁段为隔离体画受力图。未知内力设为正向，则

$$\sum F_y = 0, \quad -10 \times 4 - F_{S2} = 0$$

$$F_{S2} = -40 \text{ kN}$$

$$\sum M_{C_2}(F) = 0, \quad M_2 + 10 \times 4 \times 2 = 0$$

$$M_2 = -80 \text{ kN·m} \quad (上部受拉)$$

练习 4-2 试画出图 4-4 简支梁在集中力作用下的剪力图弯矩图。

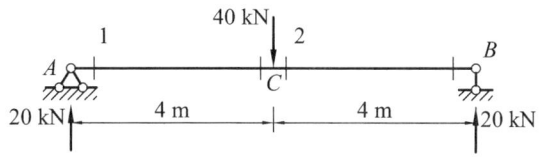

图 4-4 梁的受力图

分析：① 图示梁有三个外力，将梁分为两个区段 *AC*、*CB*。② *AC*、*CB* 均为无荷区段。③ 无荷区段剪力图为水平线，弯矩图为斜直线。（问题在于：水平线画在基线的哪一侧 $+F_S$ 还是 $-F_S$？斜直线怎么个斜法？就需要有截面上的内力来控制）④ 我们将区段的段端截面称为控制截面（$A_{右}$、$C_{左}$、$C_{右}$、$B_{左}$）。见图 4-5。

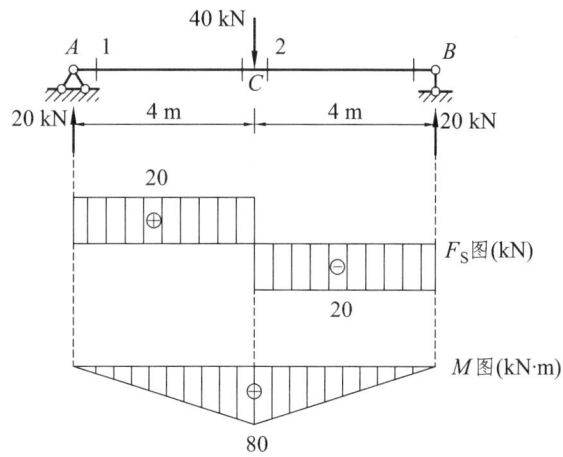

图 4-5 简支梁的内力图

解：（1）求支座反力（支座反力按真实方向画出）：

$$F_{Ay} = F_{By} = \frac{40}{2} = 20 \text{ kN} \quad (\uparrow)$$

（2）分为 *AC*、*CB* 两端（均为无荷区段）。

（3）求控制截面的内力值（见图 4-6）：

$$\sum F_y = 0, \quad 20 - F_{S1} = 0, \quad F_{S1} = 20 \text{kN}$$

$$\sum F_y = 0, \quad F_{S2} + 20 = 0, \quad F_{S2} = -20\text{kN}$$

$$\sum M_C = 0, \quad M_C - 20 \times 4 = 0,$$

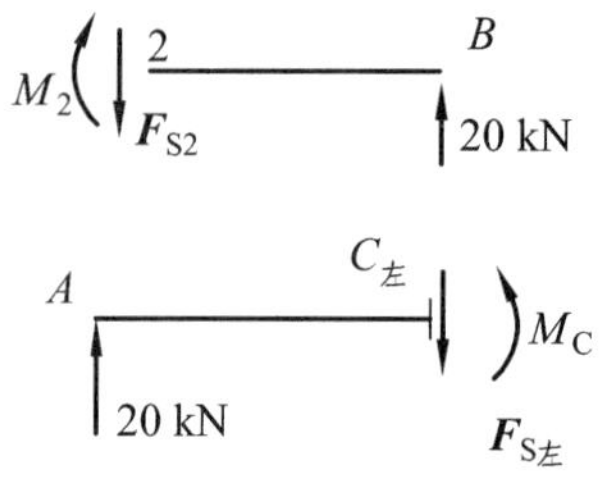

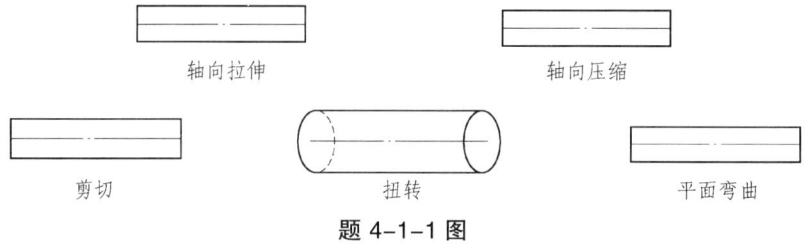

图 4-6 求指定截面的内力

$$M_C = 80 \text{ kN·m} \text{（下部受拉）}$$
$$M_A = M_B = 0$$

【习题】

4-1-1 杆件的基本受力变形形式有：（1）_____；
（2）_____；（3）_____；（4）_____。
图中直杆受力变形前的形状用虚线画出，试参照图 4-2 画出杆件的受力变形特点。

轴向拉伸　　　　　　　　　轴向压缩

剪切　　　　　扭转　　　　　平面弯曲

题 4-1-1 图

4-1-2 小实验　用海绵直杆演示杆的轴向拉伸压缩、扭转、弯曲；用钢丝钳的侧面剪铁丝，观察两个小铁块如何对铁丝施力，铁丝的左右两段如何相对错动。取下未断的铁丝，观看残留的变形。

4-1-3　观察教材图 4-5（a），确认哪一段梁是简支梁？连续梁是从哪一道缝隙算起？它怎样支承在刚架上，刚架又是支承在什么地方？观察教材图 4-5（b）、（c），哪一段梁是悬臂梁？想象外伸梁的另一端是如何支承在纵墙上的。

4-1-4 做教材图 4-5（g）所示简支梁的弯曲变形实验。将支座往里移，观察外伸梁的变形。比较相同的梁长承受相同的荷载，哪一种梁式合理。

4-1-5 工程中常见梁的平面弯曲，其
几何特点是_____；
受力特点是_____；
变形特点是_____。

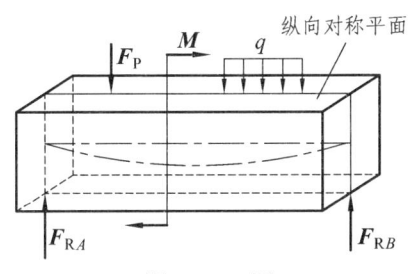

题 4-1-5 图

4-1-6 图示辞典发生顺时针错动的是（图号）_____；发生逆时针错动的是_____。

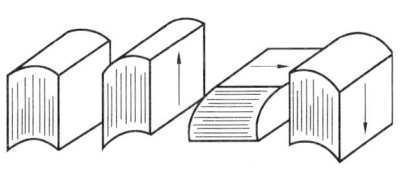

题 4-1-6 图

4-1-7 欲用截面法求 K 截面的内力，试画隔离体的受力图。要求取 AK 段为隔离体，并分别画在用长方体、用轴线表示的梁段上。未知内力一律设为正向。

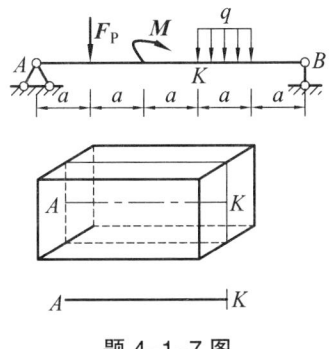

题 4-1-7 图

4-1-8 **制作与演示** 为了练习截面法的简化方法，试按图示大小用纸片制作"剪切变形"模型。截面附近的梁段可以横向错动；其余梁段做成细长条，为的是不遮盖隔离体上的荷载。将模型的"横截面"对准题图欲求内力的截面，细长条盖住隔离体的轴线，即得隔离体的受力图。用这个模型来协助判断各项剪力的正负。

按图示大小，用水笔笔芯、硬纸片制作"弯曲变形"模型。为了在取截面以左、截面以右梁段为隔离体时模型所示的弯矩皆设为正向，须在纸面的正反面均画下侧受拉的弯曲内力偶。两面使用模型，都能协助判断各项弯矩的正负。

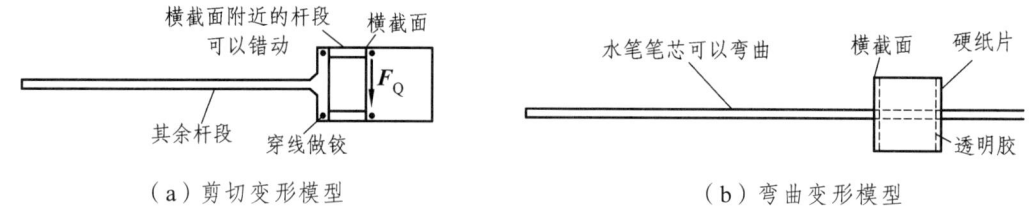

（a）剪切变形模型　　　　　　　　　　（b）弯曲变形模型

题 4-1-8 图

4-1-9　用截面法的简化方法计算指定截面的剪力和弯矩。要求边口述方法边书写表达式。

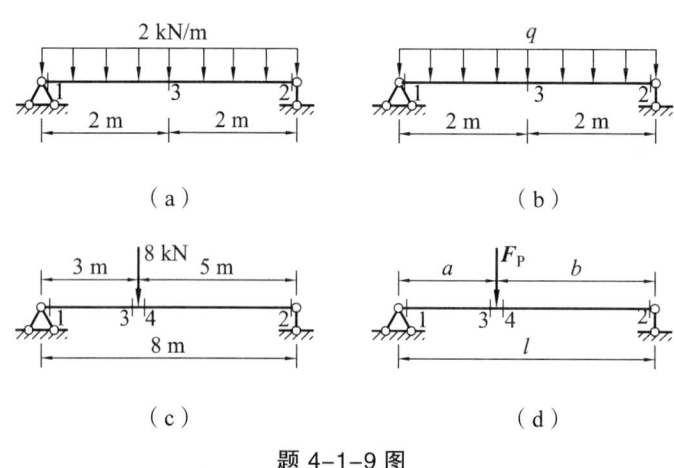

题 4-1-9 图

4-1-10　绘内力图的简捷法，是按几何作图步骤作内力图的方法。第一步为_____ _____。区段的划分以_____为标志，约定区段_____（选填"含"、"不含"）力偶、集中力的作用点。

4-1-11　根据区段内荷载的类型，判断内力函数图线的类型：

区段	无荷区段	均布荷载区段
剪力函数图线		
弯矩函数图线		

4-1-12　内力函数图线的位置由控制点确定：

图线的类型	控制点个数	控制点的位置
水平线		
斜直线		
抛物线		

4-1-13 利用内力函数的连续性可以减少描控制点的个数：
剪力函数只在_____不连续；
弯矩函数只在_____不连续。

4-1-14 勾画梁的挠曲线要求画准两个方面（选填"一致"、"零"）：
（1）支座处梁的竖向位移为 _____；
（2）挠曲线的凸向与（画在梁段受拉一侧的）弯矩图的侧向_____。

4-1-15 画图示悬臂梁的剪力图和弯矩图，并勾画挠曲线。（要求在用截面法的简化方法计算内力时，边口述方法，边计算。）

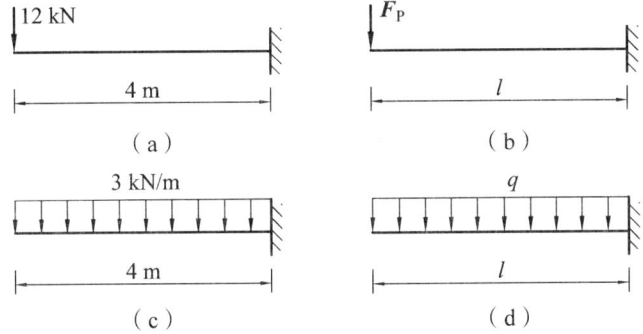

题 4-1-15 图

4-1-16 画图示简支梁的剪力图和弯矩图，并勾画挠曲线。（要求在用截面法的简化方法计算内力时，边口述方法，边计算。）

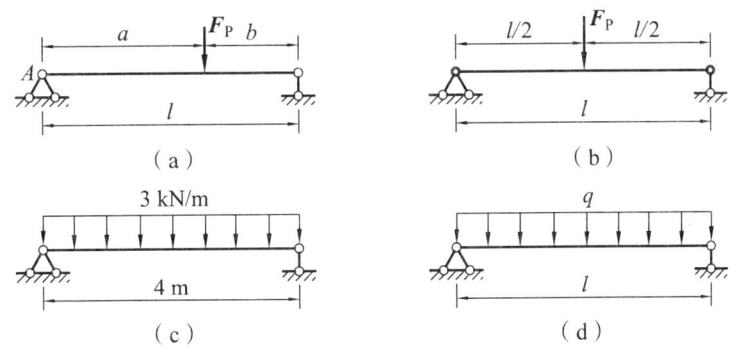

题 4-1-16 图

4-1-17 画图示外伸梁的剪力图和弯矩图，并勾画挠曲线。（要求在用截面法的简化方法计算内力时，边口述方法，边计算。）

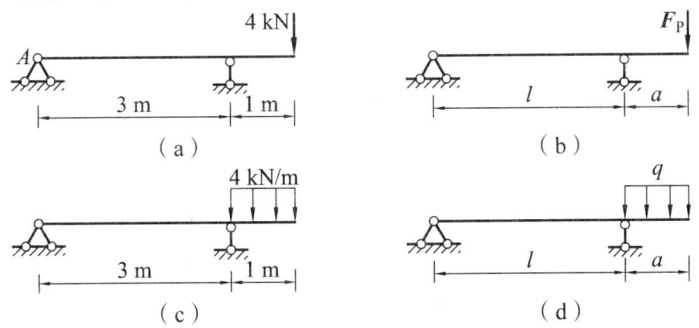

题 4-1-17 图

4-1-18 画图示悬臂梁的剪力图和弯矩图，并勾画挠曲线。（要求在用截面法的简化方法计算内力时，边口述方法，边计算。）

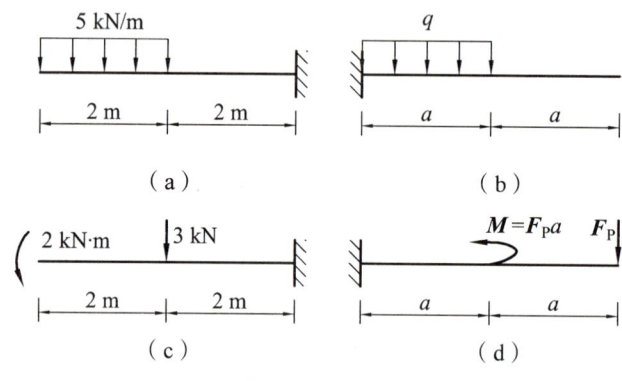

题 4-1-18 图

4-1-19 画图示简支梁的剪力图和弯矩图，并勾画挠曲线。（要求在用截面法的简化方法计算内力时，边口述方法，边计算。）

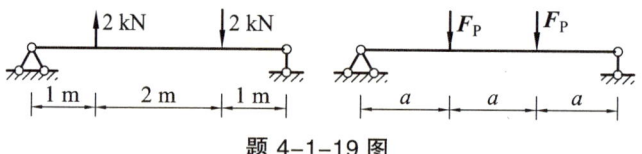

题 4-1-19 图

4-1-20 画图示外伸梁的剪力图和弯矩图，并勾画挠曲线。（要求在用截面法的简化方法计算内力时，边口述方法，边计算。）

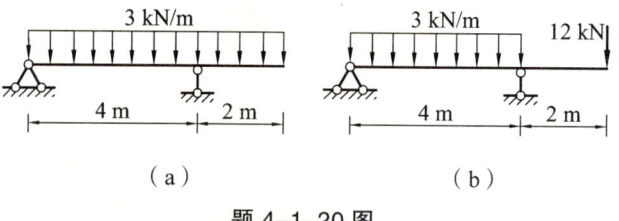

题 4-1-20 图

4-1-21 应力是分布内力在一点处微小面积上的密集程度。因此我们不说"一点的应力"，而说"一点____的应力。"

4-1-22 应力的单位是 Pa（读作"_____"）。1Pa=1 ___/___。工程中常用 MPa（读作"_____"）做单位。试完成下列单位转换：

1MPa = _____ Pa = _____ N/m² = _____ $\dfrac{N}{mm^2}$ = _____ N/mm²

今后，在有关应力的计算中，常用 N、mm、MPa 单位系。即
力以 N 为单位，长度以 mm 为单位，计算的结果应力的单位为_____；
力以 N 为单位，应力以 MPa 为单位，计算的结果长度的单位为_____；
应力以 MPa 为单位，长度以 mm 为单位，计算的结果力的单位为_____。

4-1-23 设计一个小实验，体会 1 Pa、1 MPa 的大小，以形成对应力单位的经验。

4-1-24 梁平面弯曲时，横截面的中性轴 z 通过截面的____心，且垂直于荷载。试凭直觉描出下列图形的形心，并标字符 C。

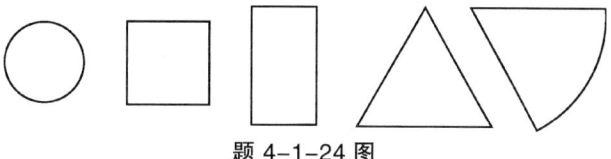

题 4-1-24 图

4-1-25 图示面积差不多大的截面，通过计算或者查表，将截面面积、对中性轴的截面二次矩 I_z 标在图中。试比较标出的数据，口述其原因。

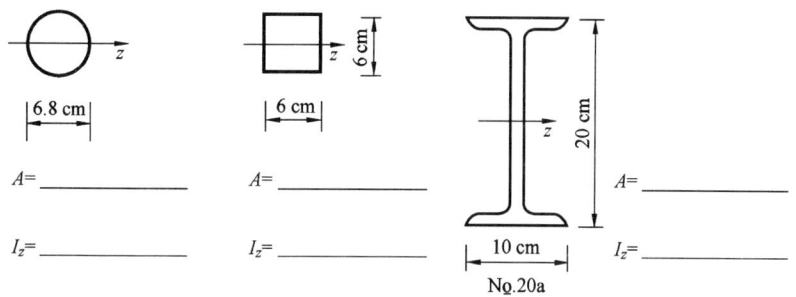

$A=$ _____ $A=$ _____ $A=$ _____

$I_z=$ _____ $I_z=$ _____ $I_z=$ _____

题 4-1-25 图

4-1-26 图示外伸梁的弯矩图已经画出。（1）勾画梁的挠曲线；（2）分别计算 C、D 截面的最大弯曲正应力；（3）画这两个横截面的弯曲正应力分布图。

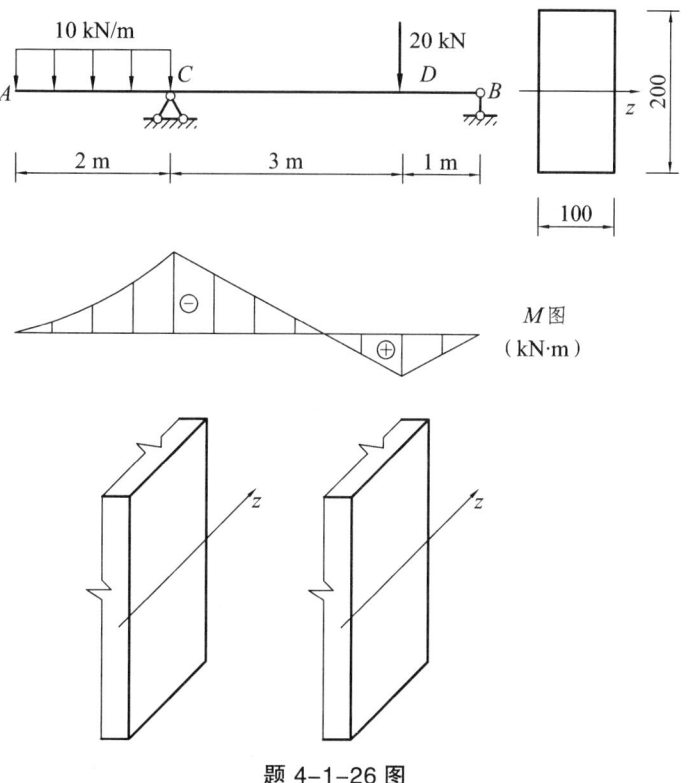

题 4-1-26 图

4-1-27 梁的弯曲正应力强度条件为两种形式：

拉压许用应力不同：

拉压许用应力相同：

4-1-28 （1）找一根竹筷用双手的中指、食指如题图 4-1-28（a）分别施力，比较哪种情况筷子容易折断。试在弯矩图上标出弯矩值，然后说明道理。

（2）设计**小实验**演示改变截面形状可以成倍提高对中性轴的截面二次矩，从而提高梁的抗弯能力，见题图 4-1-28（b）。

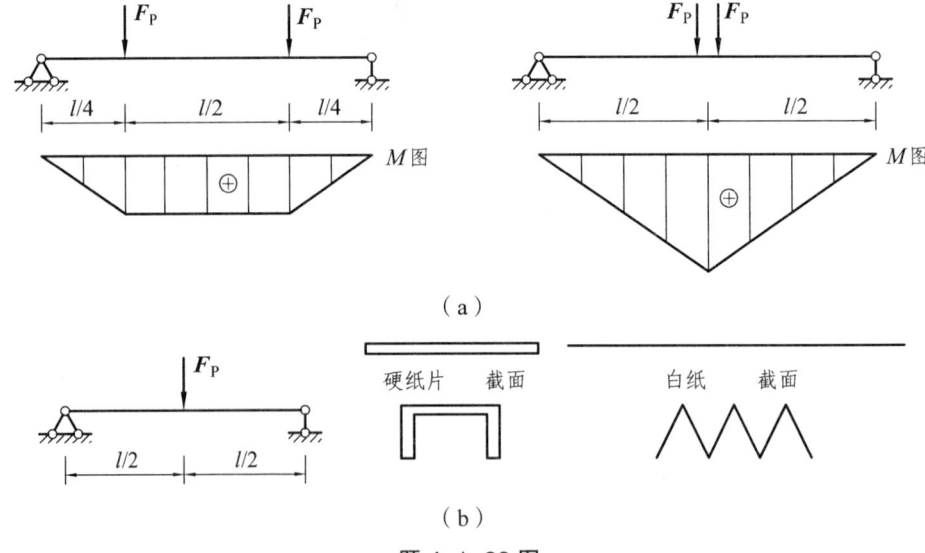

题 4-1-28 图

4-1-29 图示由№22a 工字钢制成的简支梁，$[\sigma]$=170 MPa。（1）F_P=20 kN，校核梁的弯曲正应力强度；*（2）确定梁的许可荷载$[F_P]$。

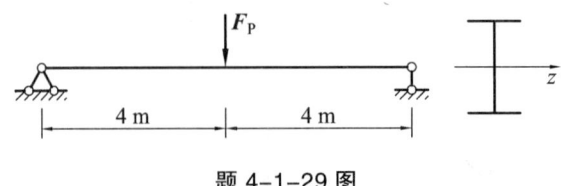

题 4-1-29 图

*4-1-30 图示简支木梁，[σ]=10 MPa，试设计圆截面的尺寸。

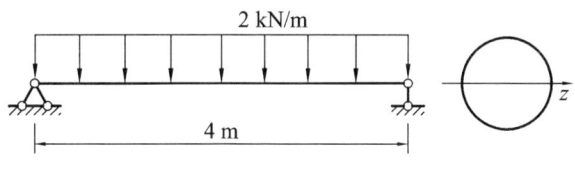

题 4-1-30 图

*4-1-31 图示简支工字钢梁，许用弯曲正应力[σ]=170 MPa，许用弯曲切应力[σ]=100 MPa，试选择工字钢的型号。

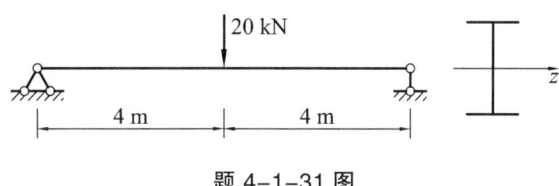

题 4-1-31 图

4-1-32 **小实验** 手握海绵直杆的左端，在右端面的形心 B 处吊一重物，观察端面形心的位移及端面的转动，见题图 4-1-32（a）。

用轴线代替杆，左端简化为固定端支座，得悬臂梁的计算简图，见题图 4-1-32（b）。试画挠曲线，标出 B 截面、E 截面和 D 截面的挠度和转角。

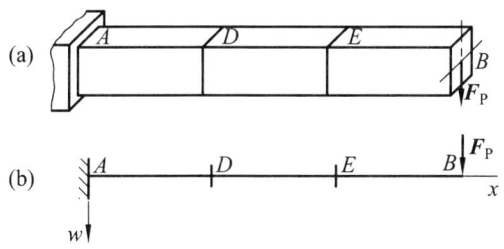

题 4-1-32 图

4-1-33 各简支梁的抗弯刚度 EI 相同，跨度用 l_1 或 $2l_1$、$3l_1$ 表示。勾画梁的挠曲线，标最大挠度、最大转角。查表计算各梁的最大挠度，并比较它们的大小：

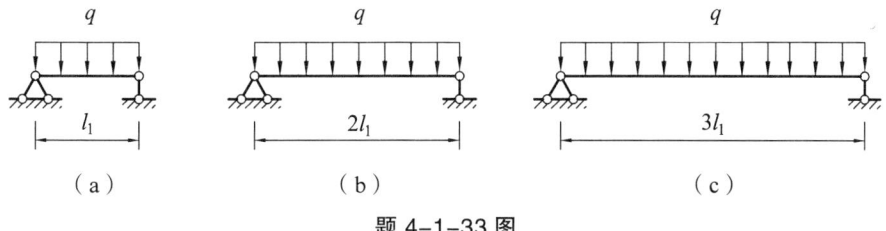

题 4-1-33 图

$w_{max}^{(1)} : w_{max}^{(2)} : w_{max}^{(3)} = 1 : \underline{\quad} : \underline{\quad}$

【任务评价】

表1 学习（工作）任务完成情况评价表

项目4：受弯构件分析　　　　　　　　　　　　　　　　任务4.1：受弯构件的内力分析

序号	考评内容	分值	学生自评（20%）	小组评价（30%）	教师评价（50%）	单项内容加权得分
1	知识与技能					
2	过程与方法					
3	态度与合作					
			任务得分=∑（单项内容加权得分）			

评价标准：百分制。知识与技能按完成任务的正确性的程度和速度的快慢来评分；过程与方法按能否举一反三，解决同类型的问题来评分；态度与合作按参加小组讨论的积极性和所起的作用大小来评分。

任务4.2　钢筋混凝土受弯构件的构造要求

【学习目标】

1. 能够识读梁板的钢筋图；
2. 能够理解各类钢筋的布置原则，了解各类钢筋的作用；
3. 了解现行规范的要求、选用的标准图集等内容。

【任务描述】

本任务主要研究钢筋混凝土梁、板的钢筋的种类、作用配筋构造要求等。

【相关资源】

1. 相关知识

截面上有弯矩和剪力共同作用，而轴力可以忽略不计的构件称为受弯构件。梁和板是建筑工程中典型的受弯构件。

梁截面尺寸除满足承载力、刚度和抗裂（或裂缝宽度）的要求外，还应考虑施工方便、使用要求及经济等方面的要求。

梁内通常配置纵向受力钢筋、箍筋、弯起钢筋和架立钢筋四种钢筋，有时还有梁端构造负筋以及腰筋与拉筋。

钢筋混凝土板的常用截面有矩形、槽形和空心形等形式，板的厚度 h 与其跨度 l 及所受荷载大小有关。现浇板的厚度不应小于规范所列的数值。

板中钢筋通常只有有受力钢筋和分布钢筋。

2. 学具准备

钢笔、笔记本。

【任务实施】

练习 4-7 梁中通常配有那些钢筋。

解：梁内通常配置纵向受力钢筋、箍筋、弯起钢筋和架立钢筋四种钢筋，有时还有梁端构造负筋以及腰筋与拉筋。

练习 4-8 板中通常布置那些钢筋。

解：板中钢筋通常只有有受力钢筋和分布钢筋。

【习题】

4-4-1 梁板的截面尺寸应满足哪些要求？

4-4-2 梁板内纵向受力钢筋的直径、根数、间距有何规定？梁中箍筋有哪几种形式？各适用于什么情况？箍筋肢数、间距有何规定？

4-4-3 混凝土保护层的作用是什么？

4-4-4 识读下面梁详图。

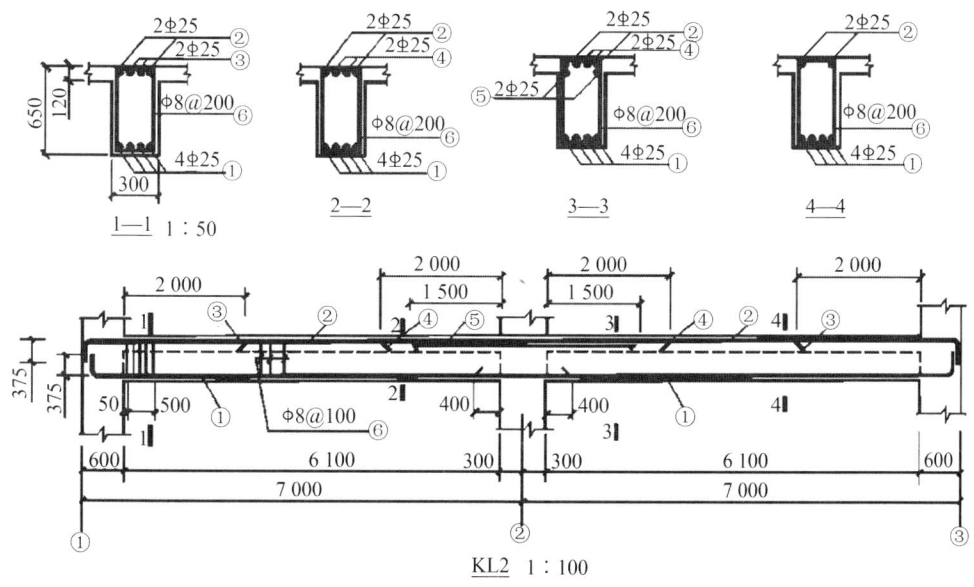

题 4-4-4 图

【任务评价】

表1 学习（工作）任务完成情况评价表

项目4：钢筋混凝土结构施工图的识读　　　　　　　任务4.2：钢筋混凝土受弯构件的构造要求

序号	考评内容	分值	学生自评（20%）	小组评价（30%）	教师评价（50%）	单项内容加权得分
1	知识与技能					
2	过程与方法					
3	态度与合作					
		任务得分=∑（单项内容加权得分）				

评价标准：百分制。知识与技能按完成任务的正确性的程度和速度的快慢来评分；过程与方法按能否举一反三，解决同类型的问题来评分；态度与合作按参加小组讨论的积极性和所起的作用大小来评分。

【项目评价】

表2 受弯构件分析项目完成情况评价表

任务编号	任务	得分	权重	项目得分
1	任务4.1 受弯构件内力分析		50%	
2	任务4.2 钢筋混凝土受弯构件的构造要求		50%	

注：表中的得分指的是各学习（工作）任务完成情况评价表中的任务得分。

项目 5 受压构件分析

任务 5.1 受压构件的内力分析

【学习目标】

1. 能够知道杆件的基本变形及杆件的内力计算方法；
2. 能够运用截面法计算轴力，会画轴力图；
3. 能够知道失稳现象及影响受压构件稳定性的因素；
4. 能够运用受压构件稳定性的知识来理解典型工程中受压构件失稳；
5. 能够知道哪些措施可以避免受压构件失稳。

【任务描述】

在工程实际中我们将讨论构件的强度刚度及稳定性问题，研究对象不再视为刚体，在现阶段我们的研究对象将视为可变形固体（在外力作用下会发生变形的固体），杆件的受力形式由杆上各力的作用点和方向决定，受力形式决定了杆件的变形形式。在轴向拉压杆不同的杆段内，由于所受外力不同，轴力就不同。为了形象地表示轴力沿杆轴线的变化情况，将各截面的轴力大小按一定比例画在坐标系中，这样得到的图形称为轴力图。例如，试画图 5-1 杆的轴力图。另外，对于受压的细长杆能否保证安全正常的工作也是至关重要的。例如，两端铰支细长压杆，材料为 Q235 钢，$E = 2 \times 10^5$ MPa，截面为圆形，直径 $d=25$ mm，杆长 $L=2$ m，试求该压杆的临界压力。

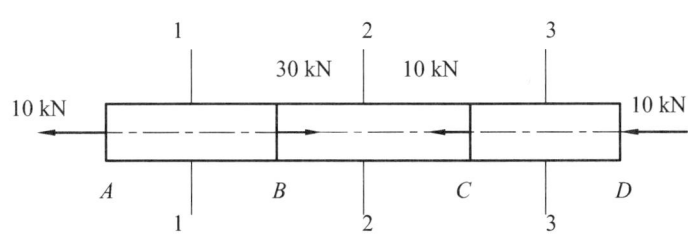

图 5-1

【相关资源】

1. 杆件的基本受力形式

① 轴向拉伸或轴向压缩；② 剪切；③ 扭转；④ 弯曲。

2. 杆件的内力

（1）杆件在外力的作用下发生变形，由于变形而在杆件内部产生的相互作用力，称为杆件的**内力**。

（2）为了计算内力，须用一个假想的截面将杆件截为两部分，使构件的内力显示出来，然后，取其中一部分为研究对象，用静力平衡方程计算内力。这种显示内力、计算内力的方法称为**截面法**。截面法的步骤为：① 截；② 取；③ 画；④ 平衡。

（3）用截面法求轴力，在画受力图时，一律将未知轴力设为正向（拉力）。

（4）轴力图可以形象地表示轴力沿杆长的变化，方便地找到杆件的最大轴力及所在截面。

3. 受压构件的稳定性

（1）当压力小于某一量值时，压杆处于直线平衡形态。一次微小的横向扰动会使压杆振动，最终压杆能够回复到初始的平衡形态。这样，称压杆初始的平衡状态是稳定的；当压力逐渐增加到某一量值时，压杆突然弯曲。压杆由直线平衡形态突然转变为曲线平衡形态，则称此时的直线平衡形态丧失了稳定性，简称**失稳**。压杆失稳时的压力值称为临界压力，用 F_{cr} 表示。

（2）临界压力的欧拉公式。

引入由支承约束决定的**长度因数** μ，则各种支承约束下的欧拉公式便统一为

$$F_{cr} = \frac{\pi^2 EI}{(\mu l)^2} \tag{5-1}$$

【任务实施】

练习 5-1 试画图 5-2 杆的轴力图。

练习 5-2 两端铰支细长压杆，材料为 Q235 钢，$E = 2 \times 10^5$ MPa，截面为圆形，直径 $d = 25$ mm，杆长 $L = 2$ m，试求该压杆的临界压力。

解：（1）两端铰支，取 $\mu = 1$

（2）圆截面 $I = \dfrac{\pi d^4}{64} = \dfrac{3.14 \times 25^4}{64} = 1.917 \times 10^4$ (mm^4)

（3）$F_{Pcr} = \dfrac{\pi^2 \times EI}{(\mu L)^2} = \dfrac{3.14^2 \times 2 \times 10^5 \times 1.917 \times 10^4}{(1 \times 2 \times 10^3)^2} = 9.45 \times 10^3$ (N) $= 9.45$ kN

【习题】

5-1-1 用截面法显示、确定内力，其步骤可以简记为："一、_____；二、_____；三、_____；四、_____。"在画受力图时，未知轴力一律设为正向，即画成拉力。试分别求图示杆1—1截面、2—2截面的轴力。

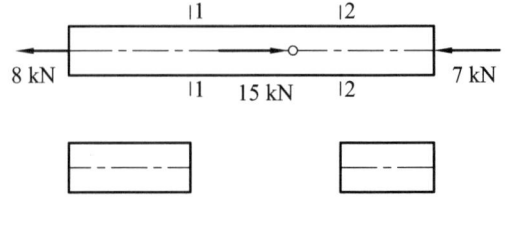

题 5-1-1 图

5-1-2 试对图示阶梯柱的轴力图标出各组成部分的名称（选填基线、图线、纵坐标值、纵坐标线、正负号、图名、单位），并根据图示阶梯柱的轴力图填空：

示范：F_{NAB} 读为___AB 杆段 A 截面的轴力___，等于___-50kN___；

F_{NBA} 读为 _____，等于 _____；

F_{NBC} 读为 _____，等于 _____；

F_{NCB} 读为 _____，等于 _____；

绝对值最大的轴力发生在 _____ 截面。

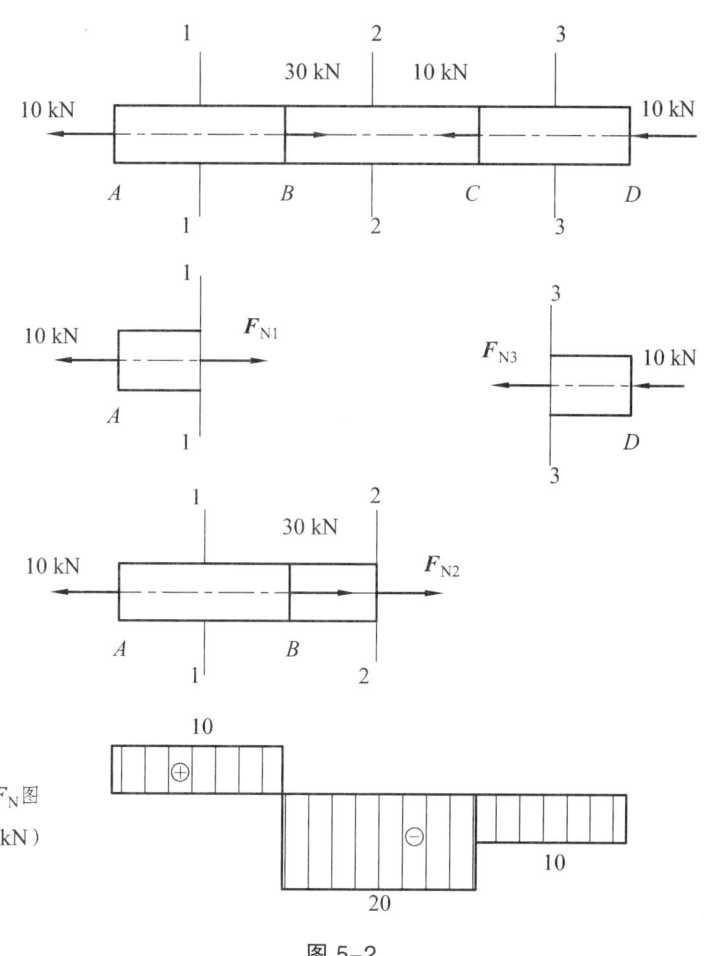

图 5-2

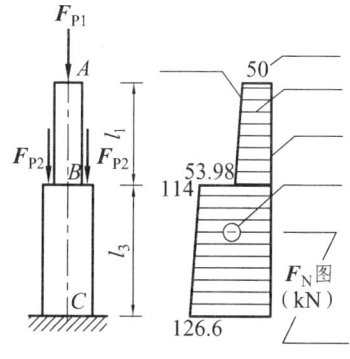

题 5-1-2 图

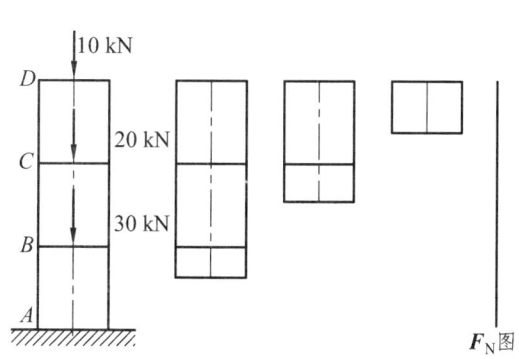

题 5-1-3 图

5-1-3 试画图示柱的轴力图。自重不计。

5-1-4 试画图示杆的轴力图。自重不计。

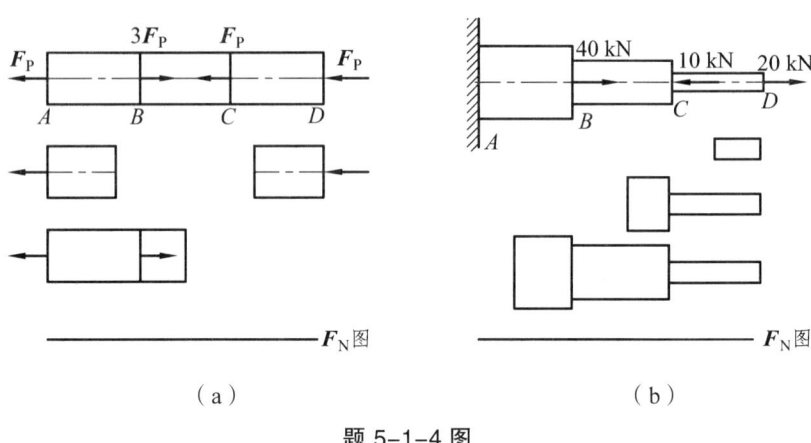

（a） （b）

题 5-1-4 图

5-1-5 图示吊杆的横截面积为 A，材料的重度为 γ。考虑自重，画吊杆的轴力图。

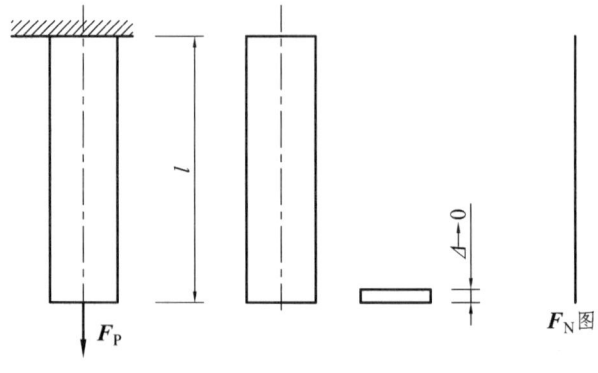

题 5-1-5 图

5-1-6 轴向拉压杆的受力特是_____；变形特点是_____。内力称为_____；截面上的应力是____应力。一点处的正应力若用矢量表示，它的方向表示此处分布内力的方向。指向截面的正应力为____应力，背离截面的为____应力；正应力若用代数量表示，拉应力的符号为____，压应力的符号为____。（选填"正"、"负"、"拉"、"压"、"+"、"-"等）

5-1-7 **小实验** 将锯条或塑料薄杆竖立于桌面，用食指加压，体会它的平衡形态的突然转变，思考它为什么朝确定的方向失稳。受压构杆由直线平衡形态向弯曲平衡形态转变时的压力称为_____。

5-1-8 细长压杆临界力的欧拉公式的统一形式为_____。式中，压杆的临界压力 F_{cr} 与材料的_____E 成正比，与截面对中性轴的_____I 成正比，与_____l 的二次方成反比，与由支承约束决定的_____μ 的二次方成反比。

5-1-9 在材料、杆长、支座约束各向相同的前提下，受压构件绕获得最小截面二次矩的形心轴失稳（失稳弯曲时，横截面绕该轴转动）。试在图示各压杆的截面上，标出受压构件失稳弯曲时截面绕哪根轴转动。

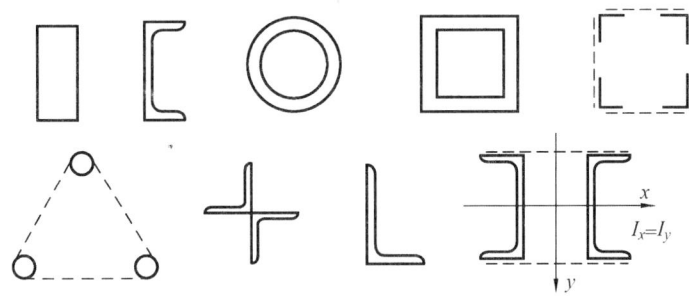

题 5-1-9 图

5-1-10 工程中常从以下四个方面采取措施来提高受压构件的稳定性：

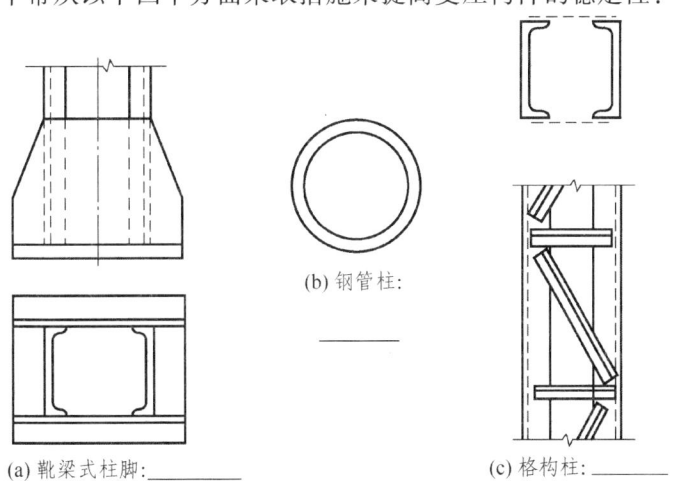

(a) 靴梁式柱脚：_____
(b) 钢管柱：_____
(c) 格构柱：_____

题 5-1-10 图

（1）选用适当的材料；
（2）选择合理的截面；
（3）加强支承约束；

（4）减小自由长度。

试在各图号后的空白处选填所采取措施的编号。

5-1-11 2009年5月31日，某市建筑安全监督站对某工地签发的全面停工，限期整改的通知中，附有关于脚手架"严重安全事故隐患"的图（见题图 5-1-11）。试读懂下列图片，用所学的力学知识分析为什么会成为"隐患"。

（a）脚手架无扫地杆

（b）脚手架立杆悬空

（c）脚手架立杆间距过大

（d）脚手架堆放砖块超标

题 5-1-11 图

【任务评价】

表1 学习（工作）任务完成情况评价表

项目5：受压构件分析   任务5.2：受压构件的内力分析

序号	考评内容	分值	学生自评（20%）	小组评价（30%）	教师评价（50%）	单项内容加权得分
1	知识与技能					
2	过程与方法					
3	态度与合作					
任务得分=∑（单项内容加权得分）						

评价标准：百分制。知识与技能按完成任务的正确性的程度和速度的快慢来评分；过程与方法按能否举一反三，解决同类型的问题来评分；态度与合作按参加小组讨论的积极性和所起的作用大小来评分。

任务 5.2　钢筋混凝土受压构件的构造要求

【学习目标】

1. 能够识读柱的钢筋图；
2. 能够理解各类钢筋的布置原则，了解各类钢筋的作用；
3. 了解现行规范的要求、选用的标准图集等内容。

【任务描述】

本任务主要研究钢筋混凝土柱的钢筋的种类、作用配筋构造要求等。

【相关资源】

1. 相关知识

钢筋混凝土受压构件时建筑结构中的常见构件。按轴向压力作用位置不同，可分轴心受压构件和偏心受压构件，按照箍筋配置方式不同，钢筋混凝土轴心受压柱可分为两种：一种是配置纵向钢筋和普箍筋的柱，称为普通箍筋柱；另一种是配置纵向钢筋和螺旋筋或焊接环筋的柱，称为螺旋箍筋柱或间接箍筋柱。

柱受压构件的承载力主要取决于混凝土强度，故宜采用 C25 及以上等级较高强度等级的混凝土，对于高层建筑的底层柱可采用更高强度等级的混凝土；纵向钢筋一般选用 HRB400、HRB500、HRBF400、HRBF500 钢筋；箍筋一般采用 HRB400、HRBF400、HPB300、HRB500、HRBF500 钢筋，也可采用 HRB335、HRBF335 钢筋；柱中钢筋有纵向受力钢筋，纵向构造钢筋、箍筋。

2. 学具准备

钢笔、笔记本。

【任务实施】

简述纵向受力钢筋的作用及其构造要求。

【习题】

5-2-1　在受压构件中配置箍筋的作用是什么？什么情况下需设置复合箍？

5-2-2　受压构件的材料选择有何要求？

5-2-3　简述柱的分类。

【任务评价】

表1 学习（工作）任务完成情况评价表

项目5：钢筋混凝土结构施工图的识读　　　　　　任务5.2：钢筋混凝土受压构件的构造要求

序号	考评内容	分值	学生自评（20%）	小组评价（30%）	教师评价（50%）	单项内容加权得分
1	知识与技能					
2	过程与方法					
3	态度与合作					
	任务得分=∑（单项内容加权得分）					

评价标准：百分制。知识与技能按完成任务的正确性的程度和速度的快慢来评分；过程与方法按能否举一反三，解决同类型的问题来评分；态度与合作按参加小组讨论的积极性和所起的作用大小来评分。

【项目评价】

表2 受压构件分析项目完成情况评价表

任务编号	任务	得分	权重	项目得分
1	任务5.1 受压构件内力分析		50%	
2	任务5.2 钢筋混凝土受压构件的构造要求		50%	

项目6 钢筋混凝土结构施工图的识读

任务6.1 识读结构设计总说明

【学习目标】

1. 了解结构施工图的组成，识读方法与步骤；
2. 能基本读懂结构施工设计总说明中的内容；
3. 能查阅相关图集。

【任务描述】

通过结构施工图目录与设计说明的识读，明确结构设计总说明一般应包含的内容；了解现行规范的要求、选用的标准图集等内容。

【相关资源】

1. 相关知识

（1）结构施工图的主要内容：

结构设计说明；结构平面布置图；结构详图。

《建筑结构制图标准》给出的常用构件代号，均以构件名称的汉语拼音的第一个字母来表示。

（2）结构施工图识读方法：

采用从上往下、从左往右的看图顺序；由前往后看，根据房屋的施工先后顺序；看图时要注意从粗到细，从大到小；纸中的文字说明是施工图的重要组成部分，应认真仔细逐条阅读；结施应与建施结合起来看图。

2. 学具准备

钢笔、笔记本。

【任务实施】

练习6-1 结构施工图的主要内容是什么？

解：① 结构设计说明是带全局性的文字说明；② 结构平面布置图是表示房屋中各承重构件总体平面布置的图样；③ 结构详图。

练习6-2 简述结构施工图的识读方法。

解：① 从上往下、从左往右的看图顺序是施工图识读的一般顺序；② 由前往后看；③ 看图时要注意从粗到细，从大到小；④ 纸中的文字说明是施工图的重要组成部分，应认真仔细逐条阅读，并与图样对照看，便于完整理解图纸；⑤结施应与建施结合起来看图。

【习题】

6-1-1 在表6-1中写出各构件名称代号。

表6-1

序号	名称	代号	序号	名称	代号	序号	名称	代号
1	板		19	圈梁		37	承台	
2	屋面板		20	过梁		38	设备基础	
3	空心板		21	连系梁		39	桩	
4	槽行板		22	基础梁		40	挡土墙	
5	折板		23	楼梯梁		41	地沟	
6	密肋板		24	框架梁		42	柱间支撑	
7	楼梯板		25	框支梁		43	垂直支撑	
8	盖板或沟盖板		26	屋面框架梁		44	水平支撑	
9	挡雨板或檐口板		27	檩条		45	梯	
10	吊车安全走道板		28	屋架		46	雨篷	
11	墙板		29	托架		47	阳台	
12	天沟板		30	天窗架		48	梁垫	
13	梁		31	框架		49	预埋件	
14	屋面梁		32	刚架		50	天窗端壁	
15	吊车梁		33	支架		51	钢筋网	
16	单轨吊		34	柱		52	钢筋骨架	
17	轨道连接		35	框架柱		53	基础	
18	车挡		36	构造柱		54	暗柱	

6-2-2 识读教材附图二中的结构设计总说明。

【任务评价】

表1 学习（工作）任务完成情况评价表

项目6：钢筋混凝土结构施工图的识读　　　　　　　　任务6.1：识读结构设计总说明

序号	考评内容	分值	学生自评（20%）	小组评价（30%）	教师评价（50%）	单项内容加权得分
1	知识与技能					
2	过程与方法					
3	态度与合作					
			任务得分=∑（单项内容加权得分）			

评价标准：百分制。知识与技能按完成任务的正确性的程度和速度的快慢来评分；过程与方法按能否举一反三，解决同类型的问题来评分；态度与合作按参加小组讨论的积极性和所起的作用大小来评分。

任务6.2 识读基础施工图

【学习目标】

1. 了解基础施工图所包含的内容及几种常见基础结构构造（独立基础、柱下条形基础和筏形基础）；
2. 要求学生能基本读懂基础平面图和基础详图；
3. 能查阅相关图集。

【任务描述】

通过基础平面布置图、基础详图的表达内容，掌握相关图样的识读方法，能读懂基础平面布置图、基础详图，能查阅相关的制图标准与规范。

【相关资源】

1. 相关知识

基础施工图主要反映房屋在相对标高±0.000以下基础结构的平面布置及详细构造，通常包括基础平面图、基础详图、文字说明等，是施工放线、开挖基坑、砌筑基础的依据

基础平面图是假想用一个水平面沿房屋底层室内地面附近将整幢建筑物剖开后，移去上层的房屋和基础周围的泥土向下投影所得到的水平剖面图。

在基础的某一处用铅垂剖切平面切开基础所得到的断面图称为基础详图。

独立基础常见形式：阶梯形、锥形、杯形。

柱下条形基础：当框架结构处于地基条件较差情况时，为提高建筑物的整体性，以免各柱子之间产生不均匀沉降，常将柱下基础沿纵横方向连接起来，作成十字交叉的井格基础。柱下钢筋混凝土条形基础是由一根梁或交叉梁及其横向伸出的翼缘板组成的。

筏形基础分梁板式和平板式两种类型，应根据地基土质、上部结构体系、柱距、荷载大小以及施工等条件确定。

2. 学具准备

钢笔、笔记本。

【任务实施】

练习6-3 识图6-1：

解：（1）识读该基础形式为（　　　），该基础编号（　　　）。
（2）该基础的埋深为（　　　）。
（3）该基础采用的钢筋等级为（　　　）钢筋直径（　　　），钢筋在竖向上的间距为（　　　）。

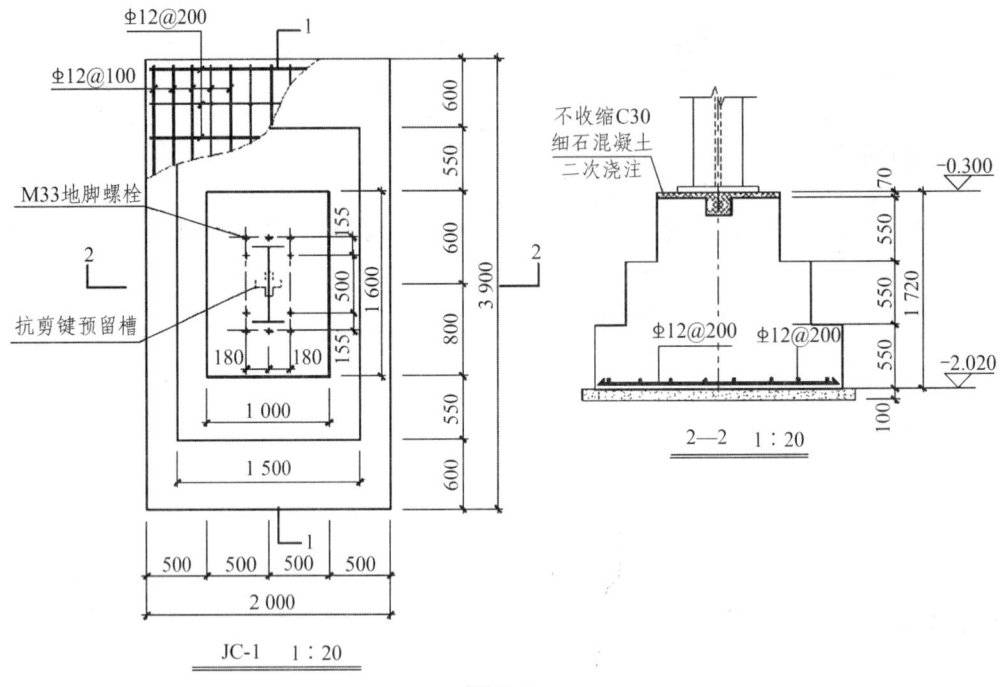

图 6-1

【习题】

6-2-1　请正确识读 6-2-1 基础大样图。

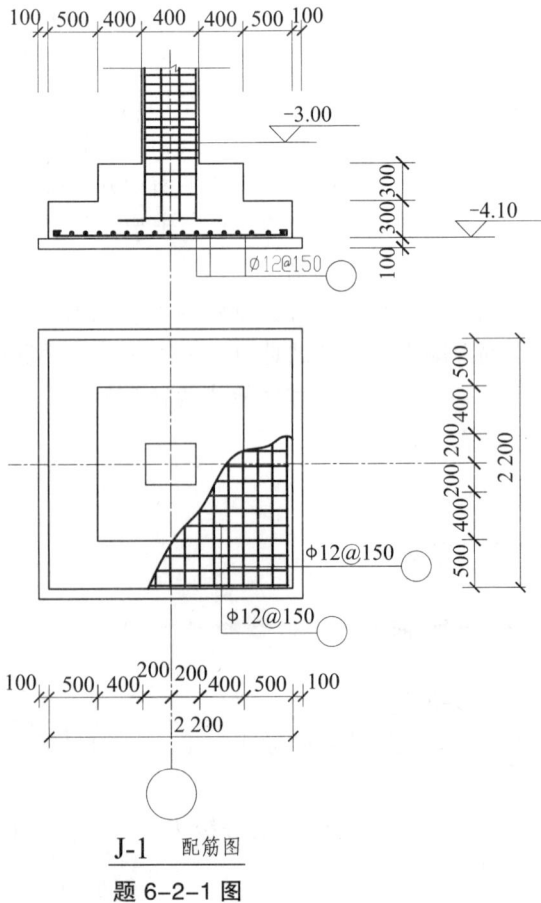

题 6-2-1 图

6-2-2 请正确识读图 6-2-2 基础平面布置图。

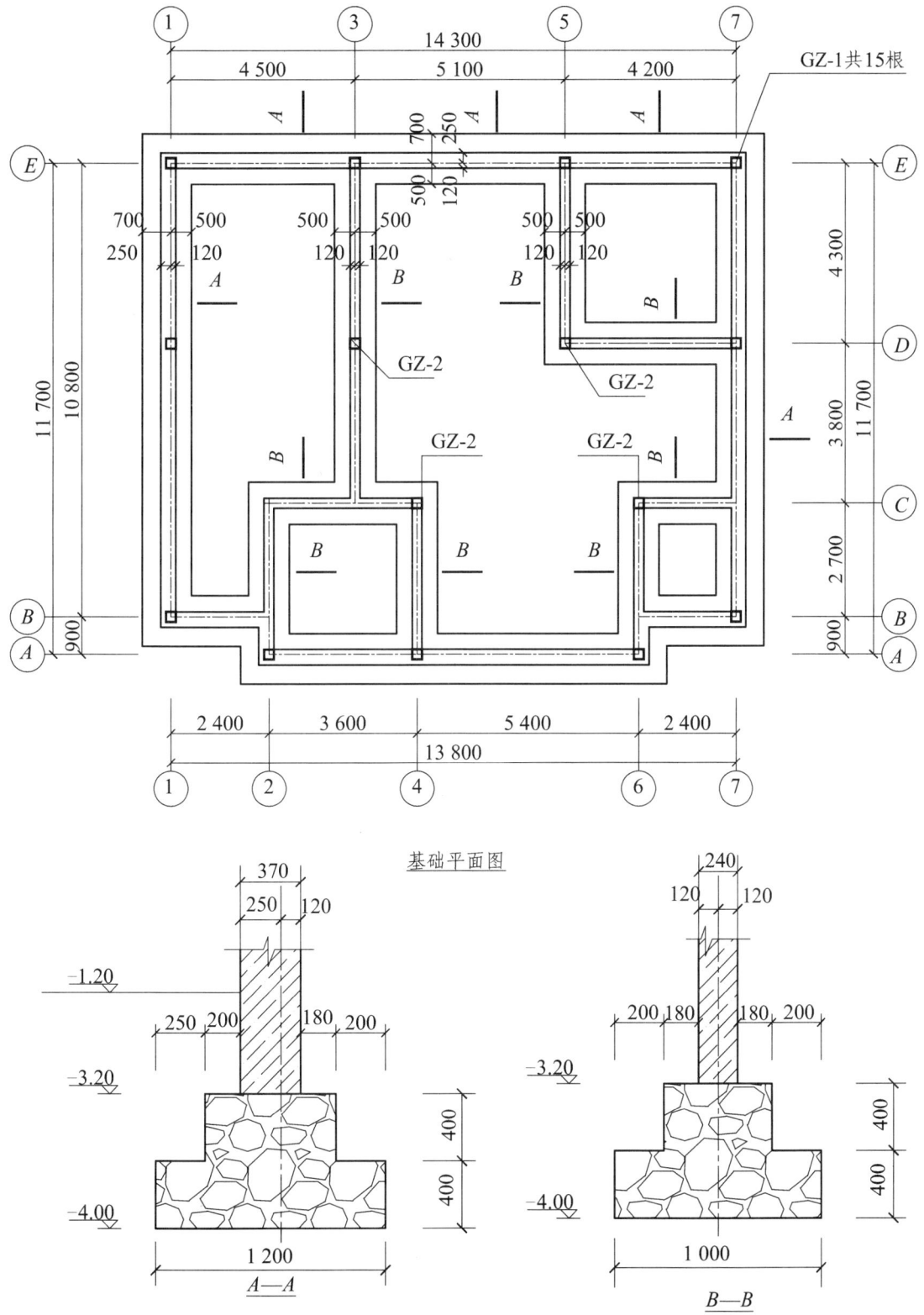

题 6-2-2 图

【任务评价】

表 1 学习（工作）任务完成情况评价表

项目 6：钢筋混凝土结构施工图的识读　　　　　　　　　　　任务 6.2：识读基础施工图

序号	考评内容	分值	学生自评（20%）	小组评价（30%）	教师评价（50%）	单项内容加权得分
1	知识与技能					
2	过程与方法					
3	态度与合作					
任务得分=∑（单项内容加权得分）						

评价标准：百分制。知识与技能按完成任务的正确性的程度和速度的快慢来评分；过程与方法按能否举一反三，解决同类型的问题来评分；态度与合作按参加小组讨论的积极性和所起的作用大小来评分。

任务 6.3 识读房屋结构施工图
——主体结构平法施工图

【学习目标】

1. 能利用平法制图规则，识读结构平面布置图；
2. 能绘制有关构件详图；
3. 能查阅相关制图标准，规范及图集。

【任务描述】

通过本任务的学习，能够理解与掌握《混凝土结构施工图平面整体表达方法制图规则和构造详图》的基本知识，能利用平法制图规则，识读一般工程的结构施工图，绘制给定梁板柱的配筋图。

【相关资源】

1. 相关知识

柱子的平法表示方法有两种：一种称为列表注写方式；另一种称截面注写方式。

列表注写方式就是在柱平面布置图上，分别在不同编号的柱中各选择一个（有时需几个）截面，标注柱的几何参数代号；另在柱表中注写柱号、柱段起止标高、几何尺寸与配筋具体数值；同时配以各种柱截面形状及其箍筋类型图的方式，来表达柱平法施工图。

截面注写方式系在分标准层绘制的柱平面布置图的柱截面上，分别在同一编号的柱中选择一个截面，以直接注写截面尺寸和配筋具体数值的方式，来表达柱平法施工图。

梁平面整体配筋图是在梁平面布置图上采用平面注写方式或截面注写方式表达框架梁的截面尺寸、配筋的一种方法。

梁平面注写方式包括集中标注与原位标注两部分。

集中标柱——表达梁的通用数值。

原位标柱——表达梁的特殊数值。

梁的截面注写方式是在按层绘制的梁平面布置图上分别在不同编号的梁中各选择一根梁用剖面号引出配筋图，并在剖面上注写截面尺寸和配筋的具体数值表示梁的施工图。

有梁楼盖板平法施工图，系在楼面板和屋面板布置图上，采用平面注写的表达方式。板平面注写主要包括板块集中标注和板支座原位标注。

2. 学具准备

钢笔、笔记本。

【任务实施】

练习 6-4　识读图 6-2 框架梁平法标注。

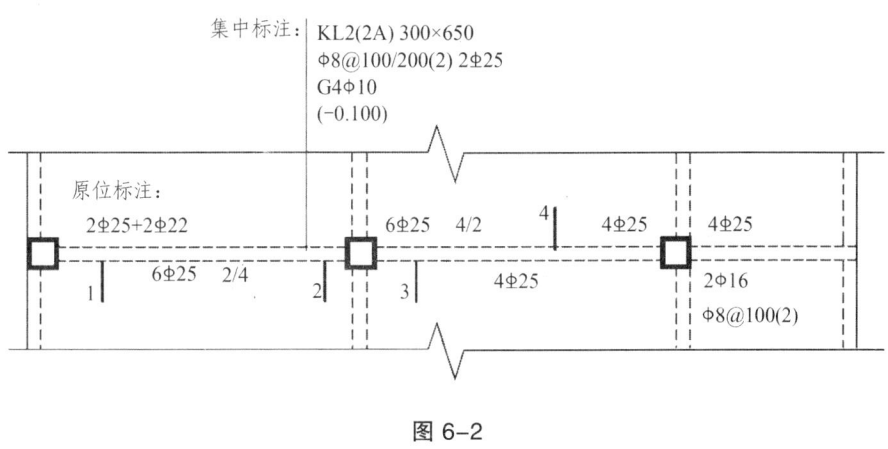

图 6-2

解：

（1）集中标注：

① 梁编号；

② 梁截面尺寸；

③ 梁箍筋包括钢筋接别、直径、加密区与非加密区间距及肢数；

④ 梁上部通长筋或架立筋配置（通长筋可为相同或不同直径采用搭接连接、机械连接或对焊连接的钢筋）；

⑤ 梁侧面纵向构造钢筋或受扭钢筋配置。

（2）原位标注法：

① 梁支座上部纵筋，应包含通长筋在内的所有纵筋；

② 梁下部纵筋；

③ 附加箍筋或吊筋；

④ 其他：当在梁上集中标注的内容如：截面尺寸、箍筋、通长筋、架立筋、梁侧构造筋、受扭筋或梁顶面高差等。

练习 6-5　板平法施工图的识读图 6-3。

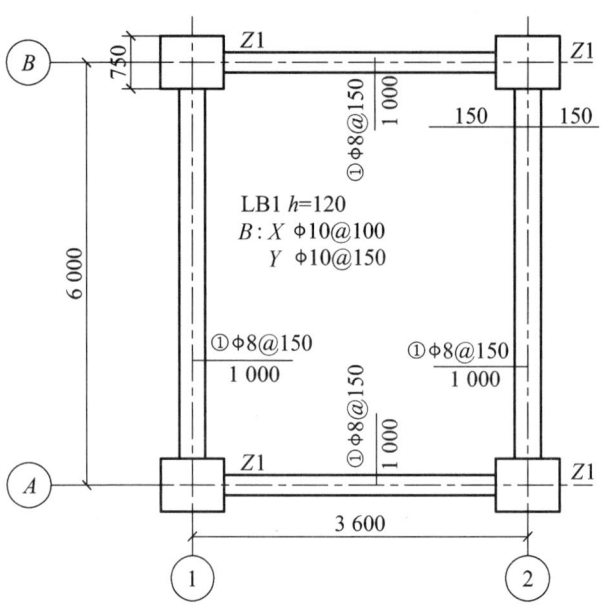

图 6-3

解：

（1）板块集中标注：

① 板编号；

② 板厚；

③ 贯通纵筋；

④ 板面标高高差。

（2）板支座原位标注：

板支座上部非贯通纵筋。

练习 6-6 柱平法施工图识读。

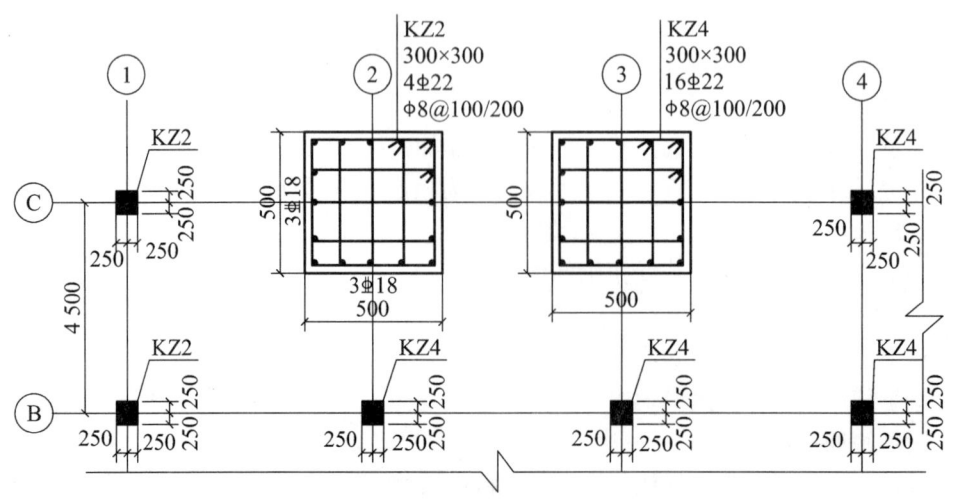

图 6-4

解：截面注写方式。

项目6 钢筋混凝土结构施工图的识读

【习题】

6-3-1 某梁的编号为 KL2（2A），表示的含义为：（　　）。
A. 第2号框架梁，两跨，一端有悬挑
B. 第2号框架梁，两跨，两端有悬挑
C. 第2号框支梁，两跨，一端无悬挑
D. 第2号框架梁，两跨

6-3-2 某框架柱的配筋为 $\phi 8@100/200$，其含义为（　　）。
A. 箍筋为HPB300级钢筋，直径8 mm，钢筋间距为200 mm
B. 箍筋为HPB300级钢筋，直径8 mm，钢筋间距为100 mm
C. 箍筋为HPB300级钢筋，直径8 mm，加密区间距为100 mm，非加密区间距为200 mm
D. 箍筋为HPB300级钢筋，直径8 mm，加密区间距为200 mm，非加密区间距为100 mm

6-3-3 某梁的配筋为 $\phi 8@100（4）/150（2）$，其表示的含义为（　　）。
A. HPB300级钢筋，直径8 mm，加密区间距为100 mm；非加密区间距为150 mm。
B. HRB335级钢筋，直径8 mm，加密区间距为100 mm，四肢箍；非加密区间距为150 mm，双肢箍。
C. HRB335级钢筋，直径8 mm，加密区间距为100 mm；非加密区间距为150 mm。
D. HPB300级钢筋，直径8 mm，加密区间距为100 mm，四肢箍；非加密区间距为150 mm，双肢箍。

6-3-4 某梁下部纵筋为 $2\phi 25+3\phi 22（-2）/5\phi 25$，其表示的含义为（　　）。
A. 上一排纵筋为 $2\phi 25$ 和 $3\phi 22$；下一排纵筋为 $5\phi 25$，全部伸入支座。
B. 上一排纵筋为 $5\phi 25$，全部伸入支座；下一排纵筋为 $2\phi 25$ 和 $3\phi 22$，其中 $2\phi 22$ 不伸入支座。
C. 上一排纵筋为 $2\phi 25$ 和 $3\phi 22$，其中 $2\phi 22$ 不伸入支座；下一排纵筋为 $5\phi 25$，全部伸入支座。
D. 上一排纵筋为 $5\phi 25$，全部伸入支座；下一排纵筋为 $2\phi 25$ 和 $3\phi 22$。

6-3-5 请将梁平法施工图改为传统表示方法绘制的梁配筋图。

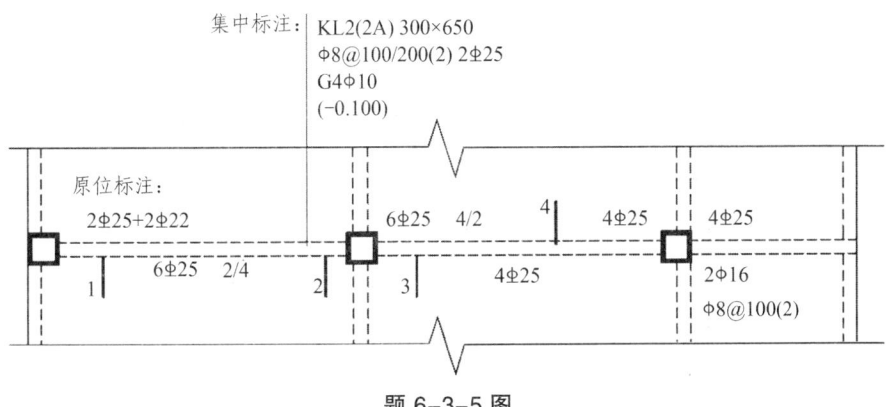

题 6-3-5 图

6-3-6 请将传统表示方法绘制的梁配筋图改为梁平法施工图。

(1)

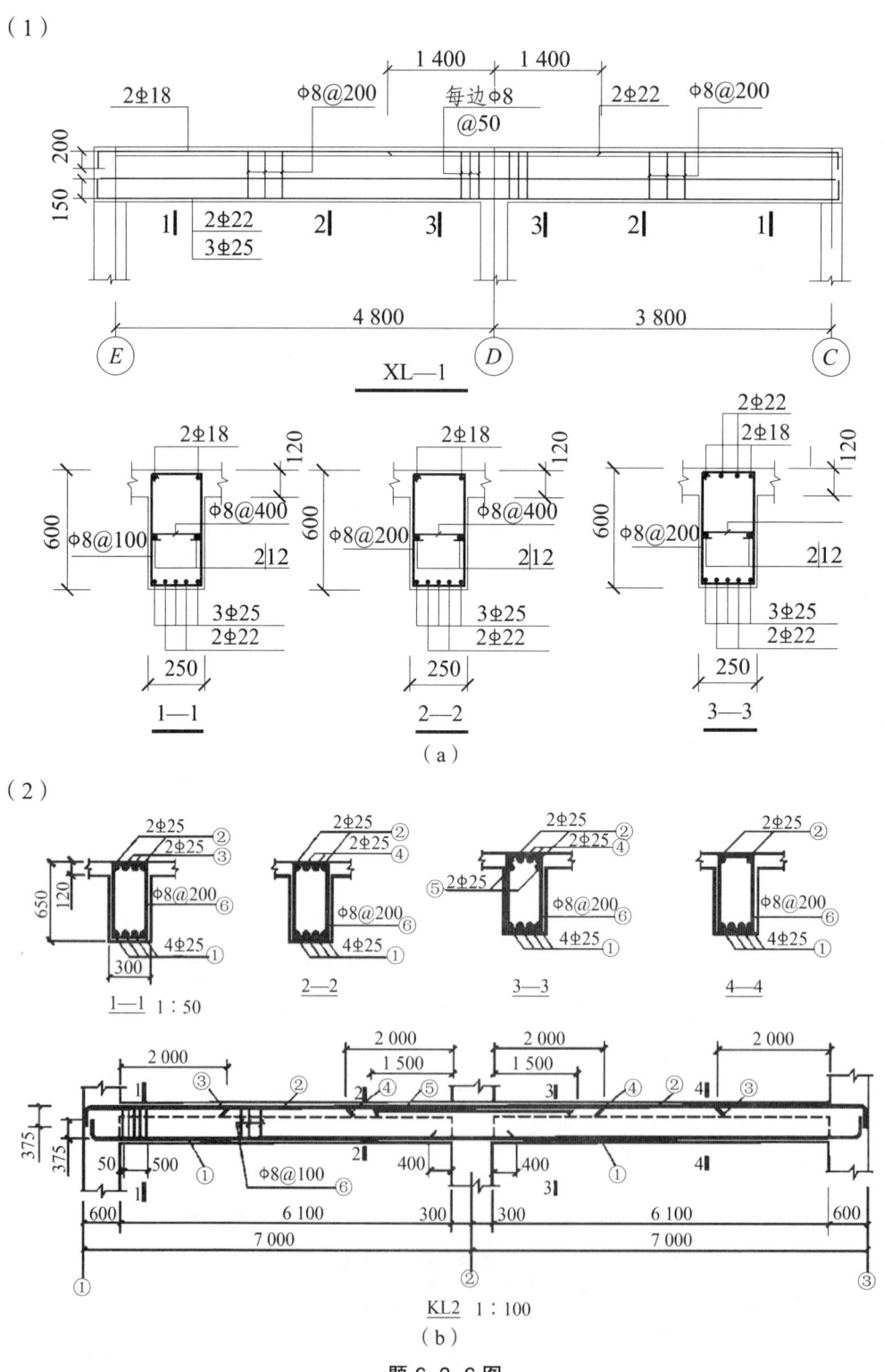

题 6-3-6 图

6-3-7 请传统方法绘制的板配筋图改为板平法(平面注写方式)施工图。

(1)

项目 6 钢筋混凝土结构施工图的识读

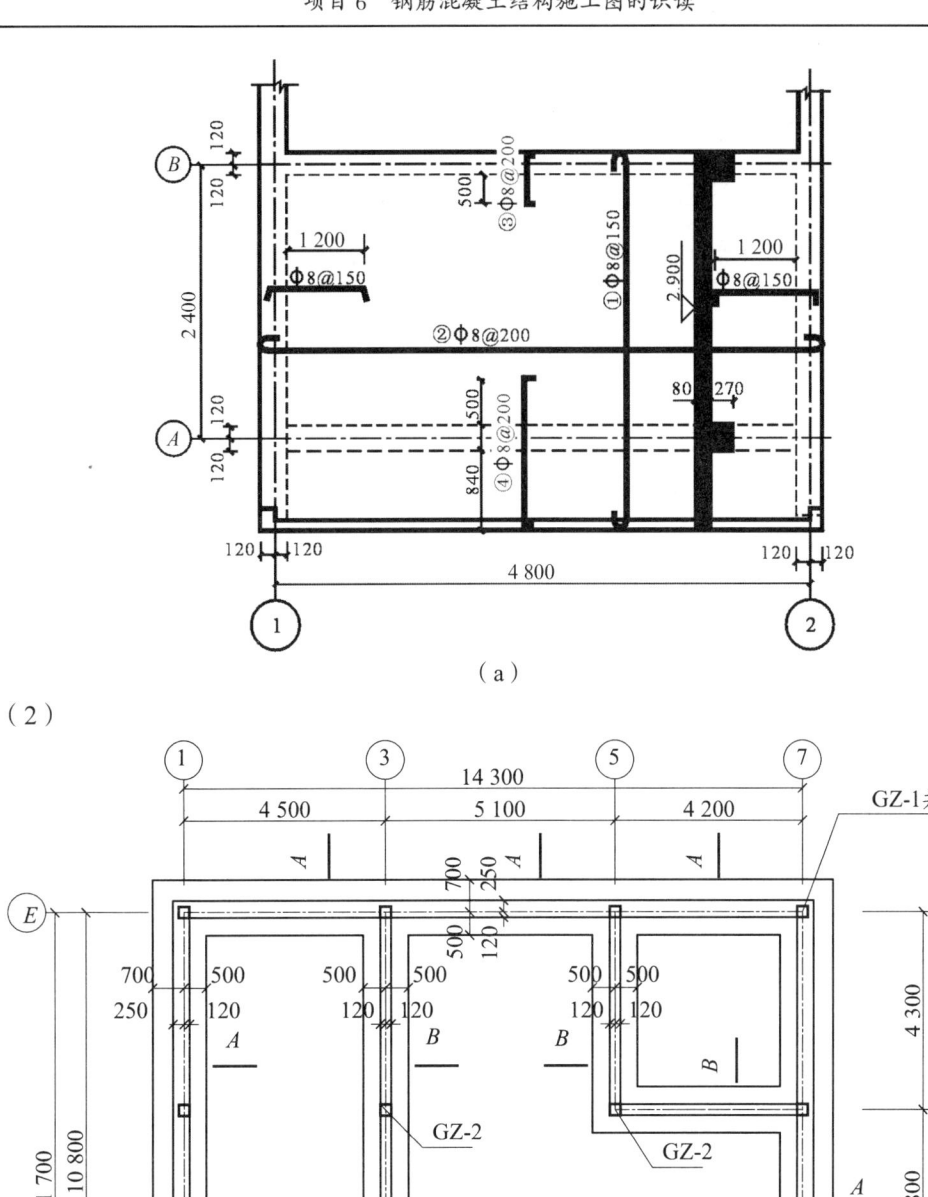

(a)

(b)

题 6-3-7 图

6-3-8 请用截面注写方式绘制的柱配筋图改为列表注写方式绘制梁配筋图。

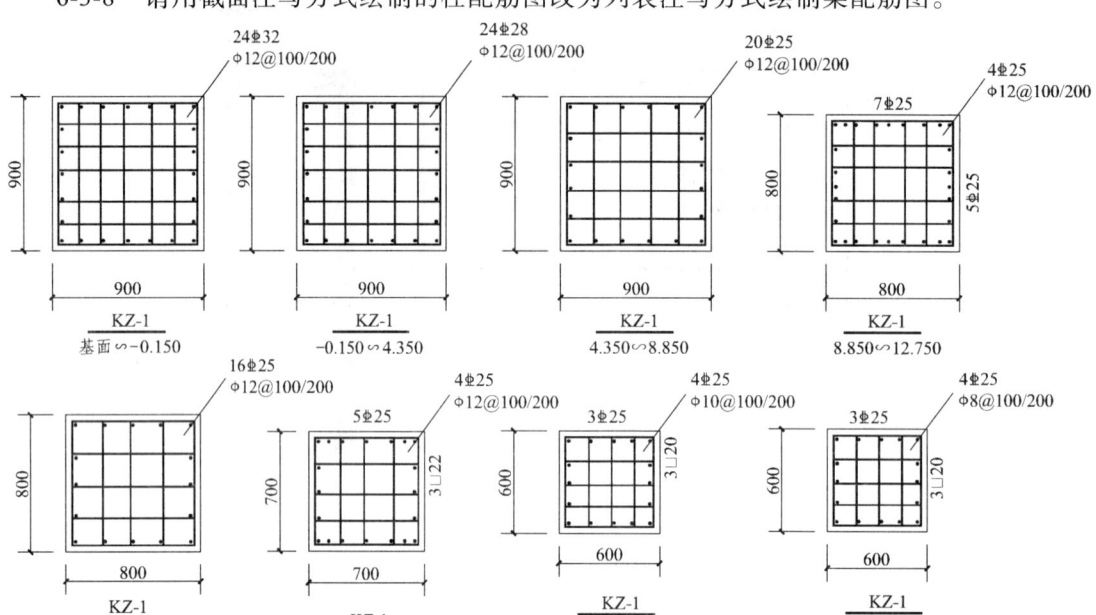

题 6-3-8 图

【任务评价】

表1 学习（工作）任务完成情况评价表

项目6：钢筋混凝土结构施工图的识读　　　　　　　　　　任务6.3：识读房屋结构施工图

序号	考评内容	分值	学生自评（20%）	小组评价（30%）	教师评价（50%）	单项内容加权得分
1	知识与技能					
2	过程与方法					
3	态度与合作					
任务得分=∑（单项内容加权得分）						

评价标准：百分制。知识与技能按完成任务的正确性的程度和速度的快慢来评分；过程与方法按能否举一反三，解决同类型的问题来评分；态度与合作按参加小组讨论的积极性和所起的作用大小来评分。

任务6.4 识读楼梯结构施工图

【学习目标】

1. 了解楼梯结构施工图的基础知识；
2. 能够识读楼梯结构图；
3. 了解现行规范的要求、选用的标准图集等内容。

【任务描述】

通过对AT型楼梯平面整体表示法的学习，了解楼梯结构施工图的基础知识；能够识读楼梯结构图，了解现行规范的要求、选用的标准图集等内容。为后续《施工技术》及《计量计

项目6 钢筋混凝土结构施工图的识读

价》的学习打好基础。

【相关资源】

1. 相关知识

平面整体表示法表示楼梯结构图时,由平法表示楼梯施工图和楼梯标准构造图两部分组成,其特点是不需要再详细画出楼梯各细部尺寸和配筋,而由标准图提供

AT 型楼梯的适用条件为两梯梁之间的一跑矩形梯板全部由踏步段构成,即踏步段两端均以梯梁为支座。凡是满足该条件的楼梯均可为 AT 型,如双跑楼梯、双分平行楼梯,交叉楼梯,剪刀楼梯等。

2. 学具准备

钢笔、笔记本。

【任务实施】

练习 6-7 简述图 6-5 中 AT 型楼梯集中标注内容的含义。

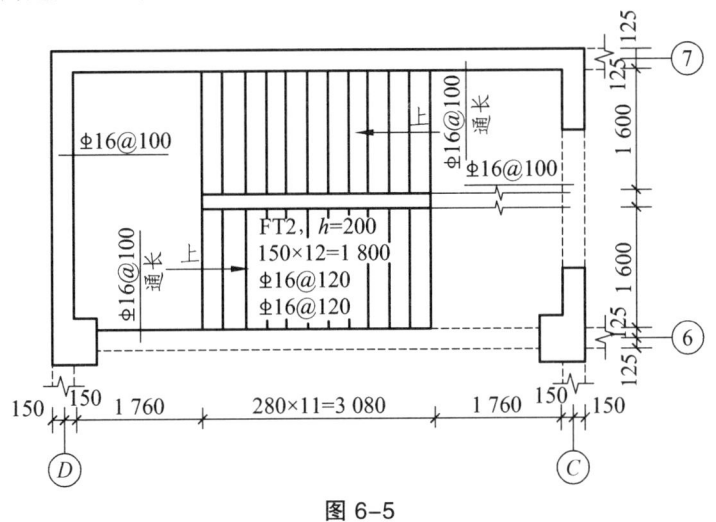

图 6-5

解:

其中集中注写的内容有 4 项:第 1 项为梯板类型代号与序号 AT××;第 2 项为梯板厚度 h;第 3 项为踏步段总高度;第 4 项为梯板配筋。梯板的分布钢筋注写在图名的下方。

【习题】

6-4-1 图集 03G101-2 表示什么?

6-4-2 何为 AT 型楼梯?

6-4-3 型楼梯平面注写方式中集中注写的内容有那几项?

6-4-4 识读楼梯平法施工图。

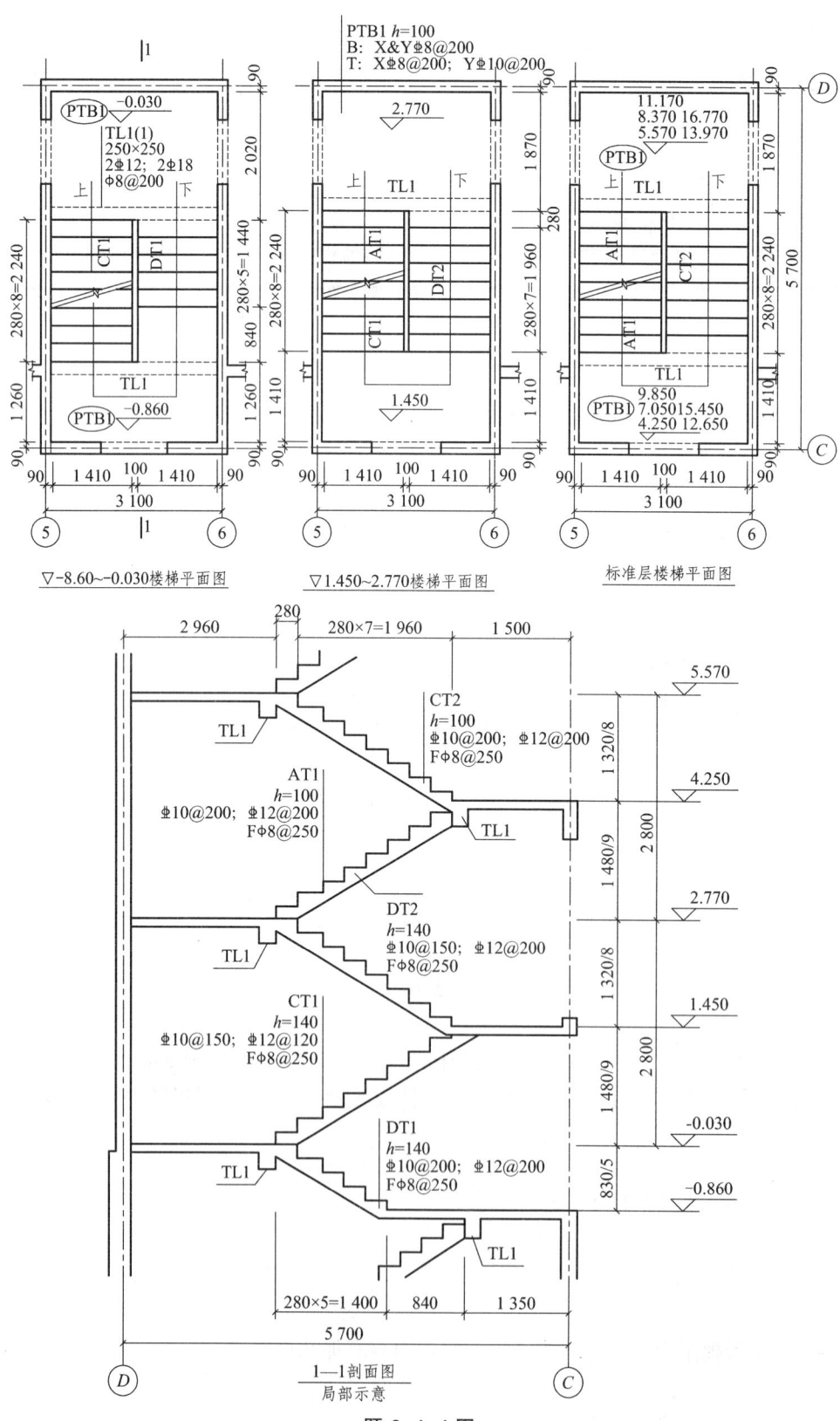

题 6-4-4 图

6-4-5 请用平法绘制的楼梯配筋图改为传统方式绘制的楼梯梁配筋图。

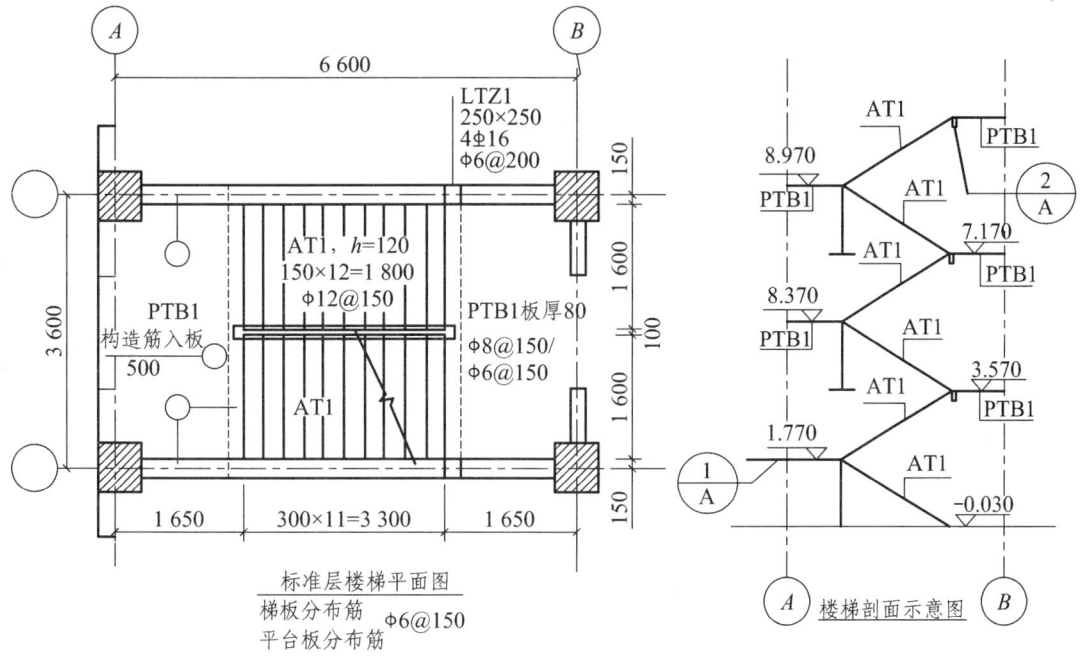

题 6-4-5 图

【任务评价】

表1 学习（工作）任务完成情况评价表

项目6：钢筋混凝土结构施工图的识读　　　　　　　　　　　　任务6.4：楼梯结构施工图

序号	考评内容	分值	学生自评（20%）	小组评价（30%）	教师评价（50%）	单项内容加权得分
1	知识与技能					
2	过程与方法					
3	态度与合作					
			任务得分=∑（单项内容加权得分）			

评价标准：百分制。知识与技能按完成任务的正确性的程度和速度的快慢来评分；过程与方法按能否举一反三，解决同类型的问题来评分；态度与合作按参加小组讨论的积极性和所起的作用大小来评分。

【项目评价】

表2 钢筋混凝土结构施工图的识读项目完成情况评价表

任务编号	任务	得分	权重	项目得分
1	任务6.1 识读结构设计总说明		10%	
2	任务6.2 识读基础施工图		20%	
3	任务3 识读房屋结构施工图		50%	
4	任务6.4 识读楼梯结构施工图		20%	

注：表中的得分指的是各学习（工作）任务完成情况评价表中的任务得分。

《建筑力学与结构基础》学生成绩评价表

项目编号	项目名称	项目得分	权重	项目权重得分	平时成绩=∑（项目权重得分）	考核成绩
1	建筑结构的认知		0.05			
2	简单建筑结构和构件的约束反力计算		0.20			
3	建筑结构设计的基础知识及受力特点分析		0.10			
4	受弯构件分析		0.25			
5	受压构件分析		0.15			
6	钢筋混凝土结构施工图的识读		0.25			
课程得分=平时成绩×权重（50%）+考核成绩×权重（50%）						

参考文献

[1] 卢光斌. 土木工程力学基础[M]. 北京：机械工业出版社，2010.
[2] 张小亮. 工程力学[M]. 北京：化学工业出版社，2010.
[3] 胡兴福. 建筑结构[M]. 2版. 北京：中国建筑工业出版社，2009.
[4] 刘洁. 建筑力学与结构[M]. 北京：中国水利水电出版社，2009.